SPANISH TEXTS

general editor
H. RAMSDEN

SAN MANUEL BUENO, MÁRTIR
and
LA NOVELA DE DON SANDALIO,
JUGADOR DE AJEDREZ

MIGUEL DE UNAMUNO

SAN MANUEL BUENO, MÁRTIR

and

LA NOVELA DE DON SANDALIO, JUGADOR DE AJEDREZ

EDITED WITH INTRODUCTION
NOTES AND VOCABULARY
BY
C. A. LONGHURST
Senior Lecturer in Spanish Language and
Literature in the University of Leeds

Manchester
University Press

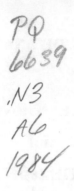

PQ
6639
.N3
A6
1984

Introduction, notes etc © C.A.

This edition first published 1984 by Manchester University Press, Oxford Road, Manchester M13 9PL and 51 Washington Street, Dover, New Hampshire 03820, USA

British Library cataloguing in publication data

Unamuno, Miguel de
 San Manuel Bueno, mártir; and La novela de Don Sandalio, jugador de ajedrez. – (Spanish texts)
 I. Title   II. Longhurst, C.A.   III. Series
 863'.62   PQ6639.N3

ISBN 0-7190-1092-6

Library of Congress cataloging in publication data

Unamuno, Miguel de, 1864–1936
 San Manuel Bueno, mártir; and La novela de Don Sandalio, jugador de ajedrez. – (Spanish texts)
 Bibliography
 Includes index
 1. Longhurst, C.A.   II. Unamuno, Miguel de, 1864–1936.   Novela de Don Sandalio, jugador de ajedrez.   1984.   III. Title: San Manuel Bueno, mártir.   IV. Title: Novela de Don Sandalio, jugador de ajedrez.   V. Series.
 PQ6639.N3A6   1984   863'.62   84-19415

Printed in Great Britain by A. Wheaton & Co. Ltd., Exeter

CONTENTS

PREFACE

This edition, aimed primarily at sixth-formers and undergraduates, presents two of Unamuno's most intriguing works. *San Manuel Bueno, mártir* must be ranked alongside *Abel Sánchez* and *Niebla* as one of Unamuno's best novels, deeply suggestive and subtly constructed. I would not make the same claim for *La novela de Don Sandalio*, which, despite the valiant interpretative efforts of some critics, remains for me a whimsical eccentricity; but it is an ingenious eccentricity, and one, I have found, that provokes surprising contributions in the classroom. The accompanying Introduction cannot hope to cover all the relevant aspects that one encounters in the works of such a richly suggestive and teasing writer as Unamuno. I have therefore concentrated on those problems that seem to me to be central to the stories and to their manner of presentation, but literary exegesis can never be gospel truth. I would urge the reader to read the stories first and only later turn to the Introduction. To do it in reverse order is to run the risk of vitiating the individual's own response to the imagined world into which the author is beckoning him to enter.

I should like to record my gratitude to Don Miguel de Unamuno Adarraga for permission to publish; to Dr Anthony Clarke for placing at my disposal his copy of the first Espasa-Calpe edition; to the General Editor of the *Modern Language Review* for permission to make use in the Introduction of material from an article of mine published in that journal; to Professor Herbert Ramsden for invaluable help and advice that went far beyond the normal duties of a General Editor; to Mr John Banks of Manchester University Press for prompt assistance and dedicated attention to detail; to Miss Margaret Crosby for efficiently typing the manuscript; and to my wife for patiently reading the first draft and spotting many errors on my part.

1984   C A L

INTRODUCTION

FAITH AND REASON IN UNAMUNO'S THOUGHT

In 1930 Unamuno wrote what were to be his last novels, *San Manuel Bueno, mártir* and *La novela de Don Sandalio, jugador de ajedrez*. The setting for *San Manuel Bueno, mártir* was suggested to Unamuno by his visit to the Lago de Sanabria (known also as the Lago de San Martín de la Castañeda) in the north-west corner of the province of Zamora. It is a harsh, mountainous region, whose peaks were rounded into rocky granitic outcrops by quaternary glaciation. Today the lake is given over to leisure and water sports, but when Unamuno visited it it was a desolate place surrounded by impoverished, decaying villages and the ruins of a monastery. There was a legend in the neighbourhood that a town by the name of Villaverde de Lucerna lay at the bottom of the lake, and that the bells of the church could be heard in the early hours of the feast of St John the Baptist by those who were in a state of grace.[1] It was this lake and legend that sparked off Unamuno's creativity, though as he himself tells us (in a prologue to the first book edition of 1933), the connection between the novel and the real-life location is very tenuous. Indeed the remoteness of the setting is deliberate, for Unamuno wanted to give his work an impression of timelessness and avoid a specifically contemporary setting or a realistic connection. Unamuno rejected an approach to novel-writing based on fidelity to external detail; such descriptions, typical of the nineteenth-century novel, he regarded as an irrelevance and as an impediment to a greater understanding of the problems of the human situation that he saw as all-important. These problems are fundamentally philosophical and theological, although Unamuno can in no strict sense be regarded as either a philosopher or a theologian.

One of the fundamental problems in Unamuno's thought, and a recurrent theme in his writings, is that of personal survival. Man's desire

[1] In his Critical Guide to *San Manual Bueno, mártir* (London, 1981), John Butt mistakenly gives the date as 27 December, which is in fact the feast of St John the Apostle. But the St John of the legend is St John the Baptist, whose feast day (24 June) is referred to in the text of the novel. It also happens that Unamuno visited the lake of Sanabria in June and as a direct result wrote two poems about the legend. (See also Endnote D.)

for immortality was for Unamuno the starting point of all philosophizing and of all religious sentiment. What does death signify? Is it something that happens to man so that he can embark upon a less transient existence? Or does it mean complete annihilation? And why does man yearn to find the answer to this question? And how does one set about looking for the right answer? We can only look at death from the vantage point of life; death for us must always appear as the deprivation of life. What exactly are we being deprived of when we die? The attempt to comprehend the mystery of death, to ascertain or even glimpse human destiny after death, obliges us to examine the problem of life beforehand. Unamuno inevitably has to concern himself with life in order to study death. Unamuno's theme becomes man in his entirety, the individual person who goes from the cradle to the grave, with his whole personality, with his joys and his sufferings and above all with his desire to endure and never to die completely.

How, then, can we set about studying the problem? We have our intellect, our reason; but is this instrument equal to the task it is being asked to perform? Intelligence arises from life, not vice-versa, and therefore cannot see it in all its extension and significance. Nature has provided us with intelligence to enable us to cope with the everyday struggle for existence, not to provide fully satisfying answers to our metaphysical speculations. 'La mente – writes Unamuno – busca lo muerto, pues lo vivo se le escapa; quiere cuajar en témpanos la corriente fugitiva, quiere fijarla [...]. ¿Cómo pues, va a abrirse la razón a la revelación de la vida? Es un trágico combate, es el fondo de la tragedia, el combate de la vida con la razón.'[2] For Unamuno reason and life are in some sense opposed to each other: when we begin to think about life we turn it into something abstract and unreal, and the more we exercise our rational instrument the more anti-vital, the more remote from the unconscious flow of life, the exercise becomes. Reasoning alone cannot satisfy man's wish to know whether he is to die completely or not. And yet we are constantly trying to subject everything to our reason, even when this is logically unreasonable. Man needs to know: we have an irrepressible desire to know where we came from, where we are going and what our role is meant to be. In short, we want to know about existence. If reason is powerless to

[2] Miguel de Unamuno, *Obras Completas*, ed. Manuel García Blanco, Afrodisio Aguado (Madrid, 1958), vol. XVI, p. 217. (All subsequent references to *Obras Completas* in parentheses.)

provide a satisfactory answer, is there anything else that will? Yes, there is faith. Unfortunately, according to Unamuno, the answer that is provided by faith is derided by reason. We then find ourselves in a dilemma. As Unamuno himself put it: 'Razón y fe son dos enemigos que no pueden sostenerse el uno sin el otro. Lo irracional pide ser racionalizado y la razón sólo puede operar sobre lo irracional' (*OC*, XVI, 239). And he adds: 'Y es que, como digo, si la fe, la vida, no se puede sostener sino sobre razón que la haga transmisible [...], la razón a su vez no puede sostenerse sino sobre fe, sobre vida, siquiera fe en la razón'[3] (*OC*, XVI, 241). Faith in God and in life everlasting is the postulate on which traditional Christianity has depended, but it does not exclude the problem of reason: one still has to explain rationally what God and life everlasting are. Faith has to be rationalized. On the other hand reason is not merely a mental game; it is rooted in life itself, it arises from something which is pre-rational, which is not 'reasonable'. The rationalist, too, displays a kind of faith, faith in reason.

Unamuno believes that reason will not solve his problem. Equally, faith cannot help him, because faith cannot supplant reason. Unamuno, then, rejects any attempt to solve the problem by working out a rational system, that is, a system based on reasoning alone. Likewise he rejects a system based on faith alone. Reason he rejects as insufficient, faith he rejects as unreasonable; so what is he left with? He is left with the dilemma resulting from his attitude. Unamuno turns away from the problem and towards the consequences of the problem, to his own vital anguish. I said earlier that what worried Unamuno was the problem of survival, survival not merely of our material bodies but of the individual mind and personality. This was not for Unamuno an abstract problem; it was a worry that caused considerable mental agony, for while the heart and the will told him that he must survive, the reason said death was the end. Different parts of him came to different conclusions about his destiny. This, according to Unamuno, is the real tragedy of our existence: the fact that we cannot overcome the contradictions inherent in our own being. Whatever posture we adopt, part of ourselves is going to be dissatisfied and unhappy. Herein lies the meaning of the word *agonía* as Unamuno used it in his treatise *La agonía del cristianismo*: for him the agony lay in the mental torture which

---

[3] *for if faith, life, cannot be sustained except by reason in order for it to be understood, then reason in its turn cannot be sustained except by faith, by life, even by faith in reason.*

was produced by the clash between the requirements of our hearts and those of our reason. In 'Mi religión' Unamuno wrote: 'Confieso sinceramente que las supuestas pruebas racionales [...] de la existencia de Dios no me demuestran nada; que cuantas razones se quieren dar de que existe un Dios me parecen razones basadas en paralogismos y peticiones de principio[4] [...]. Nadie ha logrado convencerme racionalmente de la existencia de Dios, pero tampoco de su no existencia; los razonamientos de los ateos me parecen de una superficialidad y futileza mayores aun que los de sus contradictores. Y si creo en Dios, o por lo menos creo creer en Él, es, ante todo, porque quiero que Dios exista, y después, porque se me revela por vía cordial[5] [...]. Lo cual quiere decir que no estoy convencido de ello como lo estoy de que dos y dos hacen cuatro' (*OC*, XVI, 120). This is where Unamuno fell out with the Catholic Church. The Catholic Church has traditionally maintained that the existence of God has been rationally demonstrated by Saint Thomas Aquinas's famous 'Five Proofs'. This, Unamuno simply could not accept. He wanted to believe in God, but he could not believe with his reason. He summarised his attitude to the Catholic Church thus: 'La solución católica de nuestro problema, de nuestro único problema vital, del problema de la inmortalidad y salvación eterna del alma individual, satisface a la voluntad y, por tanto, a la vida; pero al querer racionalizarla con la teología dogmática, no satisface a la razón. Y ésta tiene sus exigencias, tan imperiosas como las de la vida. No sirve querer forzarse a reconocer sobre-racional lo que claramente se nos aparece contra-racional'[6] (*OC*, XVI, 205). Unamuno was quite prepared to accept God and immortality as vital, existential necessities; he was not prepared to accept them as rational necessities. He fully recognized the demands of reason, and at the same time he recognized the demands of our vital urges and our emotional needs. But since reason is incapable of converting its own rational truths into life-sustaining beliefs, and since our vital urges do not succeed in converting its life-sustaining beliefs into rational truths, Unamuno chose to continue a struggle that he could not win. Unable to reconcile the conflicting demands of mind and heart, he turned to literary creation to dramatize the conflict within himself, to explore, transform and objectify his inquietudes through artistic forms,

---

[4] *based on logical fallacies and begging of the question.*

[5] *through the channel of the heart.*

[6] *It is useless trying to force ourselves to consider as being above reason what clearly goes against reason.*

thereby maintaining the search for the enduring survival of his personality that he so much craved.

UNAMUNO'S IDEAS ON THE NOVEL

One of the most striking characteristics of Unamuno's novels is the absence of description of the setting – there is scarcely an indication of time or place. The narrative is given in its bare bones, isolated from the temporal and spatial circumstances in which we would expect it to be embedded. Persons are presented without the material world which surrounds them. They have only their personalities, their emotions, their passions, their loves and hates. Unamuno rejected the typically nineteenth-century approach to novel-writing in which external circumstances, whether material or social, were made to play a leading role in the lives of the characters. By and large the nineteenth-century writer had still adhered to an objective concept of reality, that is to say to the belief that there was a knowable reality which was common to all individuals. Unamuno on the other hand believed that reality is not experienced in like manner by all individuals. Each individual has his own unique perception and therefore creates his own reality. There is thus no point in emphasizing what is outside the individual, all those external details so prized by the nineteenth-century realists and naturalists. True reality, according to Unamuno, is to be found inside, and not outside, ourselves: 'La realidad es la íntima. La realidad no la constituyen las bambalinas, ni las decoraciones, ni el traje, ni el paisaje, ni el mobiliario, ni las acotaciones, ni …' (*OC*, IX, 418). This intimate reality, explains Unamuno, is not made up of observations; it is a creative force which wells up from deep within the individual writer, who has to look inside himself for his fictional characters. A corollary of this, and one on which Unamuno insisted a good deal, is that a novel is, or should be, a reflection of the innermost being of the writer, an idea that, as we shall see, acquires a very special relevance to the two works in the present volume. For Unamuno, then, a novel is in some real sense the writer's life, because, as a writer, the writer's life is his mental life; his work is himself or at least a part of himself. On one occasion Unamuno asks rhetorically: '¿No son acaso autobiografías todas las novelas que se eternizan y duran eternizando y haciendo durar a sus autores y a sus antagonistas?'[7] (*OC*, X, 860). And a few lines later on he

---

[7] *Are they not autobiographies, those novels which endure and become eternal making their authors and their antagonists enduring and eternal?*

actually answers the question himself: 'Sí, toda novela, toda obra de ficción, todo poema, cuando es vivo es autobiográfico. Todo ser de ficción, todo personaje poético que crea un autor se hace parte del autor mismo' (*OC*, X, 861). By autobiography Unamuno does not mean the facts of the writer's life but the psychological and spiritual make-up of his entire personality. What Unamuno is saying is that the closer the work is to the writer, the greater the artistic integrity it will possess. This idea exemplifies the modern movement towards the subjectivity of experience. What a writer can authentically convey is his own subjective consciousness. A writer's work is necessarily, or should be primarily, a reflection of the writer's own personal world. Thus a novel is not just the novel of the fictional characters; it is also the novel of the creator himself, and indeed the characters themselves become a part of him, even when they are his antagonists, that is to say his opposites. Unamuno also makes the point that people to whom literature is a way of life find it difficult to keep fictional and real-life characters apart, or indeed may not want to do so: 'Todos los que vivimos principalmente de la lectura y en la lectura, no podemos separar de los personajes poéticos o novelescos a los históricos' (*OC*, X, 862). And he then goes on to say that such people, among whom of course he includes himself, see everything as a book, or see the book in everything. The book occupies a fundamental position because it is a repository of our meditations about ourselves and our universe. Before there was a book, man had no history, 'porque la Historia comienza con el Libro y no con la Palabra, y antes de la Historia, del Libro, no había conciencia, no había espejo, no había nada' (*OC*, X, 862). What Unamuno is saying is that books (and he was obviously thinking of the Bible as the supreme illustration) give man a history, and by history here he clearly means not a factual record but a consciousness of himself. Man puts himself in books to look at himself; the book acts as a mirror in which he reflects himself and thus gains in self-awareness. Into this process of self-search and self-discovery Unamuno also introduces the reader: 'El hombre de dentro, el intra-hombre, cuando se hace lector, contemplador, si es viviente, ha de hacerse lector, contemplador del personaje a quien va, a la vez que leyendo, haciendo, creando; contemplador de su propia obra' (*OC*, X, 907). Unamuno therefore ascribes to the reader, or rather to the reader who is mentally alive, an active and crucial role. By re-creating the fictional world as we read we are projecting our own selves into the book and, as it were, creating our own version of the tale: the book therefore becomes a mirror of our own consciousness as well as of the author's. Just as a novel is a reflection of the personality of the novelist, so too it can be a reflection of the personality of the reader, who participates or collaborates in the creation of the fictional world.

The idea that underlies Unamuno's theory of the novel is that of the mental existence of things and of people. This mental existence can take precedence over the purely physical existence, especially in the case of people, because we invariably form abstract images of people over and above their physical attributes – we form ideas of character, of personality, both of ourselves and of others. And if this applies in real life, it applies in the case of novels too, since we do exactly the same thing with fictional characters. This helps to explain one of Unamuno's more eccentric ideas, namely that characters from fiction are as real as the authors who invented them: 'Porque Don Quijote es tan real como Cervantes; Hamlet o Macbeth tanto como Shakespeare' (*OC*, IX, 415). Both Cervantes and Don Quixote have a life-history which they act out: what is the difference between them? As far as we are concerned they exist only in our minds and we know about them only from books. It is the image of them that we create that counts. We can say that both of them are entities of fiction because they only exist in our minds; or we can say that they are both real because our thoughts are real. At the end of *San Manuel Bueno, mártir* Unamuno brings in this idea by suggesting that Augusto Pérez, protagonist of his novel *Niebla*, and Manuel Bueno are perhaps more real than he himself. Don Manuel has been re-created by Ángela Carballino, and through her by the reader of Ángela's account. But unless we grant Unamuno that same fictional status – which is what he almost forces upon us – he himself will not enjoy that perennial reality.

SAN MANUEL BUENO, MÁRTIR: THE PROTAGONIST

Although Unamuno's ideas on religion and religious belief are highly relevant to *San Manuel Bueno, mártir*, it must not be thought that the central figure of the fiction, the priest Don Manuel, is Unamuno in disguise or even an approximate embodiment of his own ideas and attitudes. This is a crucial point which many critics, anxious to untangle Unamuno's own religious position, have disregarded, with disastrous consequences for the artistic autonomy of the novel and the appreciation of Unamuno's skill as a novelist. Were it a worthwhile exercise, it would be relatively easy to establish divergences of views between Don Manuel and Don Miguel. For example, Don Manuel quite obviously believes that it is important to protect the simple, unquestioning religious faith of his parishioners in order to keep them free from the gloomy effects of existential preoccupations. Unamuno believed no such thing. Even as late as 1933, in a newspaper article significantly entitled 'Almas sencillas' (Simple Souls), he rejected the criticism that he should not have written books (specifically his treatise *Del sentimiento trágico de la vida*) that might cause people to doubt, saying that the pursuit of truth, even if disturbing and painful, was to be preferred to remaining in passive ignorance; and he added that Spain needed to be awakened from its slumber because 'aquí en España la inconciencia infantil del pueblo acaba por producirle mayor estrago que le produciría la íntima inquietud trágica'[8] (*OC*, X, 994).

It is therefore important to distinguish between what Unamuno misleadingly referred to as autobiographical fiction − that is, the novel as a reflection of the writer's mental world − and the much more limited world of each fictitious personage itself. For if Unamuno said that a good novel is a reflection of the innermost being of its author, he also said that the characters are not the author: '"¡Es que Augusto Pérez eres tú mismo!" − se me dirá − . ¡Pero no! Una cosa es que todos mis personajes novelescos, que todos los agonistas que he creado los haya sacado de mi alma, de mi realidad íntima […], y otra cosa es que sean yo mismo' (*OC*, IX, 419-20). No single character, then, can be taken as representative of the real-life author. As we shall see, *San Manuel Bueno, mártir* is a novel built around the theme of belief and unbelief that so fascinated Unamuno, and different characters embody different kinds of belief or unbelief. It is the totality of the fiction − the complex inter-connections between the different characters and between their attitudes and personalities − that reflects Unamuno's exploration of a subject that was close to his heart. It is of course an artistic, not a philosophical or theological, exploration, one that does not add to our knowledge of Unamuno the man but which does allow us to observe the personality of the artist within the man. To respect the artistic autonomy of the work, and therefore the artistic independence of the characters from the author and his views, is not only essential to the proper literary study of the text, but also ultimately tells us more about the artistic mind and skill of the author.

Unlike the religious beliefs of Unamuno, which no-one has succeeded in defining, Don Manuel Bueno's beliefs can be easily summarised. He is a Christian − indeed an exemplary one − to the extent that he believes

---

[8] *the childish unawareness of the people ends up by causing more havoc than would be caused by an intimate and tragic anxiety.*

in the social relevance of the Christian religion and leads by example: his devotion to others is total. Yet he remains a paradoxical figure. His central tenet, on which his entire life's work is based, is that religious belief enables people to lead fuller, happier lives; but at the same time he himself does not entertain any transcendental religious belief. It is true that nowhere are we told that Don Manuel rejects belief in the existence of God, and he does speak of God as if he existed, but at the same time he renounces belief in life after death, and belief in God without a concomitant belief in personal survival is not very meaningful, which is the idea contained in the words from St Paul which form the epigraph to the story of Don Manuel: 'If in this life only we have hope in Christ, we are the most miserable of all men' (1 Corinthians xv, 19). In his epistle, St Paul, addressing those Christians in Corinth who had expressed their disbelief in the resurrection of the dead, points out unequivocally that their allegiance to Christ is pointless if they do not believe in the resurrection. Don Manuel, however, does not adopt that position himself. Even if he cannot believe in the absolute truth of religion he certainly believes in its value, for as he tells Lázaro, 'Todas las religiones son verdaderas en cuanto hacen vivir espiritualmente a los pueblos que las profesan' (25). Unable to find in religious belief a guarantee of personal survival after death, Don Manuel seeks solace in devoting himself with rare intensity and single-mindedness to the well-being of his flock. In this way he achieves a substitute for personal survival: survival in the memory of the community which he has fostered, protected and kept together as a family united in a shared belief and expectation. For the one thing in which Don Manuel passionately believes is 'nuestro pueblo', that is to say the community, a community based on a common purpose, 'unanimidad de sentido' (25), an extended family whose members will not only enjoy the reassurance that comes from a sense of belonging but also the comfort derived from the knowledge that separation at death is to be followed by an eternal reunion. Don Manuel sees himself as a Moses leading his people to the promised land but deprived of the joy of arriving there himself. What is surprising is that despite his unbelief, Don Manuel's conception of a spiritual community incorporating the living and the dead is remarkably close to the Catholic doctrine of the communion of saints. 'As everyone knows, the communion of saints is nothing other than a mutual sharing in help, satisfaction, prayer and other good works, a mutual communication among all the faithful, whether those who have reached heaven, or who are in the cleansing fire, or who are still pilgrims on the way in this world. For all these are come together to form one living city whose

Head is Christ, and whose law is love' (Pope Leo XII, Encyclical *Mirae Caritatis*, 1902). The communion of saints is thus a spiritual solidarity that binds together the faithful on earth with the saints in heaven, all of whom share the common life of the Church and the interchange of supernatural energy.[9] Don Manuel, too, believes strongly in the organic unity of his community of Valverde de Lucerna to the greater benefit of every member. The difference of course is that in Don Manuel's conception the souls of the departed do not have their own existence; they merely live on in the memory of those that remain. This idea of a spiritual community is accepted by Don Manuel's closest disciple, Lázaro, who gives up his socialist ideas based on materialism to embrace Don Manuel's concept of spiritual brotherhood. His public communion symbolises his reception into the spiritual community, but also his own acceptance of his role in that community. When don Manuel dies it is Lázaro who takes on the mantle of spiritual leader, and part of his mission is to keep alive the image of Don Manuel, refusing to accept the fact that his death means oblivion. And when he senses his own death approaching, what he most regrets is that a little more of Don Manuel's soul will die with him. 'Lo demás de él vivirá contigo' (41), he tells his sister, and hereafter it is Ángela whose responsibility it is to perpetuate the spiritual existence of Don Manuel and to keep alive the links between the living and the dead, or as she puts it, between the two Valverdes de Lucerna. But in so doing she is, ironically, jeopardizing the immortalization of Don Manuel through canonization by the Church.

One of the many paradoxes in this paradoxical book is that those who least believe in the possibility of an afterlife are the ones for whom death holds the greatest fascination. Both Lázaro and Don Manuel like to ponder the mystery of the lake, whose unfathomable waters represent for them the awesome enigma of death. Yet the lake is also for Don Manuel the promise of deliverance; its waters are inviting — 'cómo me llama esa agua con su aparente quietud' (29) — because at death his mental agony will be over. The idea of suicide is ever present in Don Manuel's mind as a way out of an existence that offers no hope and no transcendent meaning, but he chooses instead to commit a symbolic kind of suicide by sacrificing himself to his people: 'Sigamos […] suicidándonos en nuestra obra y en

---

[9] A more detailed explanation of the doctrine in the *Catholic Encyclopaedia*, vol. IV (London, 1908), pp. 171-4, and in the *New Catholic Encyclopaedia*, vol. IV (London, 1967), pp. 41-3.

nuestro pueblo' (30). Ángela, too, admits to the same sentiments when she says: 'Vivía en ellos y me olvidaba de mí' (42), indicating that her pastoral activity, like Don Manuel's, was a way of displacing the despair caused by the inability to discern a transcendent purpose in life. An accompanying preoccupation in Don Manuel is that of the impermanence of man compared to the permanence of nature. This is another perplexing aspect of the personality of the priest: for him the inanimate objects of nature have a greater reality than man. Unlike man, they have no history, and history implies transitoriness and evanescence. Don Manuel would like to be part of the lake, the mountain and the rocks, because they are outside the flow of time as perceived by human consciousness. This deep yearning to escape from the bondage of time into an unconscious and timeless existence may be seen not only as a hankering after immortality but also, paradoxically, as an extension of the idea of God as an eternal presence who stands outside the flow of time.

The title of the book, by labelling Don Manuel a saint and a martyr, continues the paradox of the man. A martyr is one who gives up his life for his faith, and a saint is one who has put his beliefs into practice in such a way as to be an example to all believers. In this orthodox sense Don Manuel is neither a martyr nor a saint. He does not give up his life for the sake of his beliefs: he gives up his beliefs for the sake of life: his and other people's. It is a kind of reversal of the traditional idea of martyrdom. Similarly, Don Manuel is in the process of being beatified by the Church; canonization usually follows beatification in due course. Are we to regard this as a farce because we are told that Don Manuel was secretly an unbeliever?

Looking at Don Manuel from the outside, as everyone in the story except two people sees him, he is not only a profound believer but also a man who is a living witness to his beliefs by his quite exceptional behaviour. Don Manuel's actions give substance to his apparent beliefs; it is his actions that are a witness to his public faith. To his parishioners Don Manuel appears not only an orthodox believer but one whose whole life is given up to and is dependent on his beliefs. Don Manuel's faith is judged by his actions (as Unamuno himself points out in his authorial intervention at the end); and therefore his actions help to sustain the people in their faith. Don Manuel's inner tragedy – his inability to believe in life after death – must be kept away from the people. But two people discover his secret, Lázaro and his sister Ángela. Why did Don Manuel betray his secret? Was it weakness on his part? Was he abandoning the high principle of total self-sacrifice which he had set himself? Or did he have other, selfless, motives?

In the case of Lázaro, Don Manuel is dealing with a liberal intellectual who is a complete sceptic in matters of religious faith. His whole effort is aimed at protecting the unsophisticated religious beliefs of his parishioners because he knows through personal experience that the loss of one's simple childhood faith brings unhappiness in its train. Lázaro represents a potential threat because of his outspoken views, but Don Manuel does not publicly denounce him or try to convince him by theological argument. Instead, realizing that Lázaro possesses a caring conscience, he opts for an entirely different approach. First of all, in order to console Lázaro's mother at her moment of death, he persuades Lázaro to promise her that he will pray for her. Lázaro understands Don Manuel's motives and accedes, a circumstance which paves the way for Lázaro's eventual 'conversion': 'Comprendí sus móviles − explains Lázaro to his sister − y con esto comprendí su santidad [...]; no trataba, al emprender ganarme para su santa causa [...] arrogarse un triunfo [i.e. he was not trying to win me over in order to score a personal triumph], sino que lo hacía por la paz, por la felicidad, por la ilusión si quieres, de los que le están encomendados' (24). It is Don Manuel's concern for the happiness of his people that impresses Lázaro and finally persuades him to go through the formality of a conversion. The question arises whether this is a conversion at all. For Ángela it quite clearly is not: she is appalled, brands it a sacrilege and goes off to pray for her brother's genuine conversion. For Lázaro it is certainly conversion of a kind: it is conversion to Don Manuel's 'santa causa', as he puts it. And for Don Manuel it is a supremely successful conversion, since Lázaro becomes totally dedicated to the care of the villagers and continues Don Manuel's work when the latter dies. The fact that Don Manuel has had to share with Lázaro his doubts about an afterlife is part and parcel of the process of Lázaro's conversion: had Don Manuel not taken him into his confidence, Lázaro would not have been converted at all. There is therefore a rationale, strange as it may be, behind Don Manuel's approach, and the question which Unamuno is raising has to do with the nature of belief rather than with the subject of sincerity. Don Manuel sees religion, more especially a religion communally shared, as a life-sustaining force: it leads to a fuller and happier enjoyment of life because the believer is not tormented by morbid thoughts of annihilation at death. The whole of Don Manuel's life therefore is directed towards protecting those who already believe from the loss of their beliefs. But he does not try to make believers out of non-believers. What wins Lázaro to Don Manuel's cause is not that the latter convinces him of the absolute truth of religion but of the value of it. Don Manuel is not moved by a desire to vindicate religion in its own right, and hence he has no interest in converting non-believers. The one consolation that he can offer to Lázaro is the consolation that he offers to himself: his consolation consists in consoling others.

In the case of Ángela, Don Manuel adopts a somewhat different approach. Ángela is something of a doubting Thomas and in her adolescence goes through some kind of religious crisis that makes her hurl repeated questions at Don Manuel. Though not a believer in the same way as the villagers, Ángela is nevertheless a believer, unlike her brother who does not believe at all. But like him, Ángela is intellectually an outsider: the daughter of a stranger to the village and who has received an education and has read books. She is equipped to question the rational basis of her religion, although she does so hesitantly. Again Don Manuel does not try to dispel her doubts by force of argument; what he does is to allay her fears, firstly by playing down those doubts and secondly by allowing her to think that her intellectual position is really very close to his. Ángela, believing that she and Don Manuel share a togetherness in doubt, learns to live with her uncertainties, preserves her faith, and maintains her allegiance to the religious community that is Valverde de Lucerna. For the villagers, then, Don Manuel is a man of perfect faith, for Lázaro he is a man of no faith, and for Ángela he is a man torn by doubt. This already tells us something of Unamuno's relativistic view of the nature of religious belief, but what is more remarkable is that he has structured his book in such a way as to deprive us, the readers, of any reliable knowledge about the central figure in the story. But to fully appreciate how this is brought about we must first consider in detail the crucial role played by the fictional narrator.

THE NARRATOR: CHARACTER AND PERSONALITY

An ageing spinster looks back upon her life. Most of it has been spent in the company of the village priest to whom she has been devoted from her childhood right up to the time of his death. Now, alone and with approaching old age, she learns that someone is writing a biography of this saintly man. This has the effect of making her consign to paper her own version of this man's life and beliefs. But why does she feel this need to write? And what kind of a person is it who is writing?

Ángela's avowed aim is not of course to write about herself. Yet we can build up a picture of her character and personality from what she feels compelled to say directly about herself and from what she reveals about herself indirectly in the process of writing down her account. One of the facts of Ángela's circumstances which is mentioned very early on is that she was brought up without a father: 'se me murió siendo yo muy niña' (3). Her mother came under the spell of Don Manuel and the memory of her husband soon faded, so that Ángela lacked not only the physical presence of her father but also the image of him: 'mi buena madre apenas si me contaba hechos o dichos de mi padre' (3). This simple fact about Ángela's upbringing will come through powerfully in the memoir she composes late in her life.

Ángela confesses to entertaining, since her tender years, 'curiosidades, preocupaciones e inquietudes' (4), and although she does not clearly specify what these preoccupations are, she mentions works of literature that she read and in the same breath ascribes certain romantic and religious fantasies to a school friend. The tell-tale phrase 'por cierto que no he vuelto a saber de ella ni de su suerte' (5) suggests the irrelevance or even the unreality of this friend. The whole paragraph in which Ángela tells us of her childhood fantasies, clearly unnecessary from the point of view of Don Manuel's story, is rather suggestive from the point of view of Ángela's characterization, and it seems reasonable to suppose that Unamuno had this particular function in mind when he included it in the novel. The language used reveals a distinct amorous sensitivity, to the point of mystical rapture: 'me proponía que entrásemos juntas a la vez en un mismo convento, jurándonos, y hasta firmando el juramento con nuestra sangre, hermandad perpetua, y otras veces me hablaba, *con los ojos semicerrados*, de novios y de aventuras matrimoniales. [...] cuando se hablaba de nuestro Don Manuel [...], ésta exclamaba *cómo en arrobo*: "¡Qué suerte, chica, la de poder vivir cerca de un santo así, de un santo vivo de carne y hueso, y poder besarle la mano!"' (5; my italics). The attribution of amorous and mystical inclinations to a companion can be seen as displacement − for why else tell us about it? Or why should this attachment live on in the memory of the narrator? Ángela, we should remember, has passed her fiftieth birthday as she writes, yet she vividly relives − remembering or imagining, it makes no difference − the raptures of her friend at the thought of living close to Don Manuel. Romantic and religious fantasizing occur simultaneously and inseparably in Ángela's mind. This is accompanied by a noticeable aestheticism which finds its outlet in listening to Don Manuel officiating at High Mass: 'Su maravilla era la voz, una voz divina, que hacía llorar' (7). Some of the episodes recalled by Ángela reveal her excessive sensibility and lachrymose nature, for example Blasillo's parrot-like repetition of Don Manuel's singing: 'Y al irme hacia mi casa topé con Blasillo el bobo, que [...] repitió − ¡y de qué modo! − lo de' ¡Dios mío!,

¡Dios mío!, ¿por qué me has abandonado?'' Llegué a casa acongojadísima y me encerré en mi cuarto para llorar' (17). Ángela's identification with Don Manuel becomes ever more complete; serving as his personal assistant and constant companion, she refers to 'nuestros enfermos' (18), and she cannot bear to be parted from him; when she is absent for a few days 'sentía sobre todo la falta de mi Don Manuel y como si su ausencia me llamara, como si corriese un peligro lejos de mí, como si me necesitara' (18). There is not a shred of evidence that Don Manuel missed or needed Ángela. The emotional flow is all in the opposite direction. Ángela gives herself away by her choice of words: she says 'su ausencia', whereas logically she should have said 'mi ausencia' since *she* is the one who has gone away from Valverde; but for Ángela it is Don Manuel who is absent, absent, that is, from her life. Similarly, she believes or avers that she went to confession with Don Manuel in order to console him. Yet Unamuno has contrived to allow us a glimpse that hints at a different explanation, for if we consider Don Manuel's own words we get the impression that he is getting a trifle impatient with Ángela's frequent visits to the confession box: 'Despachemos, que me están esperando unos enfermos de verdad' (17), suggesting that her spiritual illness is 'de mentira', that she is indulging in unreal self-accusation and that her frequent visits to the confessional are neither necessary nor entirely welcome. It may be significant that following Don Manuel's somewhat curt dismissal of her, Ángela goes home and has a fit of weeping.

Ángela's mother also remarks upon her daughter's excessive devotion to confession: 'Me parece, Angelita, con tantas confesiones, que tú te me vas a ir monja' (17). In fact Ángela firmly rejects the idea of becoming a nun; but what is more interesting, she equally rejects the idea of marriage. It is Don Manuel who first raises the possibility of Ángela's marriage when he makes a harmless remark to the effect that she must now prepare herself 'para darnos otra familia' (15), a remark which, retrospectively, turns out to contain a deep irony, since the cause of Ángela's spinsterhood is Don Manuel himself. To her mother, Ángela's marriage appears a natural and likely event, as is suggested by her words 'hasta que te cases' (17). This is the second time that the possibility of Ángela's marriage is raised, and Ángela counters with a terse rejection of the idea: 'no pienso en ello' (17). The third time that the question is brought up it is Don Manuel who raises it (28), and Ángela's reaction, when Don Manuel insists that she needs to get married for her own good, is one of anger and resentment. It also happens that in describing the incident Ángela recalls the scene in a way that strongly suggests that marriage is very much in her thoughts.[10] It is as if in reliving her association with the priest she were unconsciously betraying her latent fantasies and desires.

There is an image which Ángela repeatedly associates with Don Manuel and which tends to confirm that her attachment to him is not purely religious. She repeatedly casts him in the role of father; and I am not referring to the role of spiritual father which it is Don Manuel's priestly duty to fulfil, but to a rather more concrete paternity or fatherliness which nurses and fosters in a much more physical sense. The explanation which Ángela gives for Don Manuel entering the priesthood is that he wanted to look after the children of a widowed sister, 'servirles de padre' (5). She also relates various anecdotes which show Don Manuel in the role of protective parent. When he meets a child sent out by his father on a wintry day to look for a cow, he sends the child home and proceeds to do the father's job for him. When an unmarried girl returns to the village with a baby it is to Don Manuel that Ángela ascribes a crucial intervention in finding a father for the child. Don Manuel is depicted, too, as extremely interested in pregnancies and in child-rearing. The paternal role of Don Manuel is accompanied by virile qualities that enable him to fulfil a masculine role in the community. He engages in manual labour 'con sus brazos', collaborating in such tasks as ploughing and cutting logs. In all this there is discernible the desire to present Don Manuel as a father with the clear attributes of a dominant and protective male figure. The masculinity of Don Manuel acquires its particular significance when we connect it to the narrating consciousness, that of Ángela, and even more when we consider that Ángela comes very close at times to casting herself in the role of unfulfilled mother. Words and phrases associated with maternity are used by Ángela on several occasions. The phrase 'se me estremecían las entrañas maternales' (28) occurs, in a strikingly revealing context in the passage to which I have just alluded. On another occasion, when she relates the effect of her first confession with Don Manuel, she uses the same image: 'Era yo entonces una mocita, una niña casi; pero empezaba a ser mujer, *sentía en mis entrañas el jugo de la maternidad*' (16; my italics). It is of course a hankering after maternity that remains unfulfilled as Ángela chooses to enter 'nuestro monasterio de Valverde de Lucerna' (15) and place herself 'a los pies de su abad' (15). The sublimation of her love for Don Manuel into a mystical devotion to her village-monastery (a mystical sublimation further suggested by Don Manuel's advice that

---

[10] A more detailed analysis of the passage in question in Endnote G.

she stop paying so much attention to St Teresa) does not succeed in concealing the natural female instinct to regard man as a potential medium of maternal fulfilment. This is variously revealed in Ángela's character-ization of Don Manuel as a fully masculine figure with a strong paternal role, in her apparently unconscious revelation of her own maternal instincts, and finally in the unexplained feeling of guilt that so disturbs her: '¿pecadores? ¿nosotros pecadores? ¿y cuál es nuestro pecado, cuál? Y anduve todo el día acongojada por esta pregunta' (34). There is much in the narrative that can be taken as indicative of the unconscious mind at work: Ángela's attribution of enamourment of Don Manuel to her mother or of a 'grito maternal' to a figure of the Virgin, both of which could be read as unconscious displacement; or the reference to 'hijos ausentes' of women for whom Don Manuel serves as amanuensis; or the description of the death of a pregnant woman in the arms of Don Manuel; or the reference to a recently-widowed woman who wants to follow her husband but is dissuaded by Don Manuel; all of which could be interpreted as an unconscious revelation of Ángela's frustrated motherhood and enforced sterility in the face of her attachment to Don Manuel. The inexplicable feeling of guilt, the frequent tears, the mental confusion, taken in conjunc-tion with the narrator's highly significant references to dreaming can be seen as the embodiment in covert form of the conflict or anxiety which the conscious mind has censored. What is at any rate apparent is the proximity of sexual and religious motives in the narrator: in several instances it is impossible to separate them.

We should now be in a position to answer the two questions we asked at the beginning of this section. Ángela is an impressionable and sensitive woman with mystical inclinations (even her brother is an 'hermano, más que carnal, espiritual'), and one whose sexual and maternal instincts are channelled into an unusual and ambiguous relationship − romantic, yet spiritual − with a priest who possesses a dominant personality. She forges a relationship with Don Manuel which, on her side, clearly goes further than the normal one between confessor and penitent or between priest and acolyte. For Ángela, Don Manuel becomes a father figure with a latent sexual role. Just as a nun entering a convent and taking her vows becomes 'the bride of Christ', so Ángela on entering her convent of Valverde de Lucerna becomes in her own imagination the bride of Don Manuel. Psychologically this ties in perfectly with what we learn of Ángela's child-hood. The loss of her own father when very young provokes a search for a surrogate father, and, given her mother's devotion to Don Manuel, the child's attention is drawn towards the priest. This initial conditioning is reinforced by Ángela coming under the tutelage of Don Manuel at a particularly impressionable age: sixteen. On returning to the village from her city school she immediately becomes emotionally involved (as is evident from her account of her encounter with Don Manuel) with the figure of the priest whom her mother has for so long held up to her as a father figure; the surrogate father becomes a surrogate husband, and what is recognized by developmental psychology as being only a passing phase in female adolescence becomes, in Ángela's case, a permanent state of affairs. Indeed this possibility has already been adumbrated by the early reference in the text to the lure of the convent and the visions of romantic and matrimonial adventures all in the same breath.

This view of Ángela not only fits the facts of her life-story but also helps to explain why she writes. For her, Don Manuel has been at the centre of her life. When he dies, she still has Lázaro to help maintain alive the image of the priest and to act as a link with her past: 'El, Lázaro, continuaba la tradición del santo y empezó a redactar lo que le había oído' (39). Lázaro's death signifies a break in Ángela's life, and this break, exacerbated by the Bishop's insistent questioning and by his decision to write a book about Don Manuel thus threatening to rob Ángela of the precious function of keeping alive the image of the priest, precipitates a crisis that leads directly to her memoir. (Ángela's references to the present, that is, the time of narration, indicate that she writes not long after Lázaro's death.) For Ángela, now old and lonely ('desolada', 'envejecida'), the memoir is a life-support: it enables her to re-live in imagination her association with Don Manuel, to try and find meaning and consolation in the past as she searches for some sense of purpose in the present.

THE NARRATION: SUBJECTIVITY AND AMBIVALENCE

Ángela's attitude towards the subject of her memoir is ambivalent. For if on the one hand she presents Don Manuel as in many ways an admirable person, on the other she is determined to question his faith at every turn and to persuade the reader that he was not all that he purported to be. And she does this not by presenting evidence but by insinuation and supposition. From the very first, the narrator regularly inserts phrases which act as a process of persuasion at a subliminal level. Here is a sample of such phrases:

Después, al llegar a conocer el secreto de nuestro santo … (9)

Bien comprendí yo […] que algún pensamiento le perseguía. (10)

Y más tarde […], he comprendido que la alegría imperturbable de Don Manuel era la forma temporal y terrena de una infinita y eterna tristeza que con heroica santidad recataba a los ojos y los oídos de los demás. (13)

Me retiré, pensando no sé por qué, que nuestro Don Manuel, tan afamado curandero de endemoniadas, no creía en el Demonio. (17)

Leí no sé qué honda tristeza en sus ojos, azules como las aguas del lago. (18)

In all these and in many other instances we see Ángela's subjective interpretation at work. Apart from Lázaro's declaration to his sister about his exchanges with Don Manuel, there is no hard evidence at all that Don Manuel is lacking in faith. All that happens is that Ángela assumes or imagines that this is so and slants the narration in such a way as to put the idea in the reader's head. She also assumes that Lázaro's version of Don Manuel's beliefs is the correct one and that Don Manuel is deceiving all his other parishioners: '¿por qué – me he preguntado muchas veces – no trató Don Manuel de convertir a mi hermano también con su engaño, con una mentira, fingiéndose creyente sin serlo?' (42). Since Ángela *assumes* that Don Manuel is feigning in his attitude towards the people of Valverde, she asks why he does not continue his deception, why he ceases to feign, in the case of her brother. The question is thus formulated in a thoroughly tendentious manner, a manner which allows her to bring up the idea of *engaño* and *engañar*, words which she employs repeatedly in her account. Indeed Ángela is reluctant to accept Don Manuel's own declaration that he believes, and bombards him with a string of questions, some of them rather too emotional for a purely religious affair:

> – Pero usted, padre, ¿cree usted?
> Vaciló un momento y, reponiéndose, me dijo:
> – ¡Creo!
> – Pero ¿en qué, padre, en qué? ¿Cree usted en la otra vida? ¿cree que al morir no nos morimos del todo?, ¿cree que volveremos a vernos, a querernos en otro mundo venidero?, ¿cree en la otra vida?
> El pobre santo sollozaba.
> – ¡Mira, hija, dejemos eso!

engañar to mistaken dupe

> Y ahora, al escribir esta memoria, me digo: ¿Por qué no me
> engañó? ¿Por qué no me engañó entonces como engañaba a los
> demás? ¿Por qué se acongojó? ¿Porque no podía engañarse a sí
> mismo, o porque no podía engañarme? Y quiero creer que se
> acongojaba porque no podía engañarse para engañarme. (27)

Once again the narrator is working through insinuation. In fact the passage
tells us nothing about the priest (although it purports to), but it does tell
us something about Ángela. Firstly, Ángela contrives to turn the priest's
statement of belief into a tacit admission of unbelief by playing on his
evasiveness and discomfort and then interpreting this as a sign of lack of
faith. But bearing in mind that this occurs during an emotional scene and
immediately before Don Manuel's suggestion that Ángela should marry,
his evasiveness and discomfort may have other roots. Secondly, Ángela
states that Don Manuel is deceiving everyone, except her; and here we have
what amounts to a leitmotif in her account, never explicitly stated in so
many words but consistently implied: that unlike the simple village folk,
she was too intelligent for Don Manuel and saw through his false front
from the very beginning.

Sometimes the narrator interpolates ironic comments that betray covert
censure. On one occasion we read: 'Y el pueblo al ver llorar a Don Manuel,
lloró diciéndose: "¡Cómo le quiere!" Y entonces, pues era la madrugada,
cantó un gallo' (23). This gratuitous comment amounts to an accusation
of hypocrisy. It reveals the narrator's covert disapproval of Don Manuel's
and Lázaro's action: just as Peter betrayed Christ and his betrayal was
marked by the cock crowing, so Don Manuel and Lázaro are betraying
the beliefs of their people by going through the mechanics of a conversion
that is false . Ángela's comment is also at variance with what follows in
the text:

> Al volver a casa y encerrarme en ella con mi hermano, le eché
> los brazos al cuello y besándole le dije:
> – ¡Ay Lázaro, Lázaro, qué alegría nos has dado a todos, a todos,
> a todo el pueblo, a todo, a los vivos y a los muertos y sobre todo
> a mamá, a nuestra madre! ¿Viste? El pobre Don Manuel lloraba
> de alegría. ¡Qué alegría nos has dado a todos! (23)

These words necessarily strike a hollow note coming, as they do, immediately after the symbol of falsehood or betrayal that Ángela has inserted
in her account, because the symbol pre-empts the explanation that Lázaro

is about to provide. The narrator, at the moment of narrating, has seen fit to label Don Manuel's and Lázaro's action as false and hypocritical even though of course she already knew their explanation for acting in this way, an explanation which she proceeds to offer to the reader. The contradiction reveals either disingenuousness or confusion in the mind of the narrator. On the occasion of Don Manuel's death we read: 'Y no hubo que cerrarle los ojos, porque se murió con ellos cerrados' (38). In its sheer redundancy, the latter phrase smacks of ironic insinuation – he remained blind to the end. After Don Manuel's death, Ángela tells us, 'las endemoniadas venían ahora a tocar la cruz de nogal' (39) over his grave, but given that earlier she has told us that Don Manuel did not believe in the Devil, the information acquires ironic undertones.

Ángela never condemns Don Manuel overtly; her criticism is subtle and insidious, but no less present for that. Her ambivalent attitude towards him is exemplified in the contradictory phrase she uses to describe his behaviour: 'piadoso fraude'. Having left us in little doubt that Don Manuel's faith is a pretence, she then goes on to label him a saint, and to suggest that both he and Lázaro were believers without realizing it. Her contradictory portrayal of Don Manuel is also shown by the way in which she constantly associates him, implicitly rather than explicitly, with Christ. There are so many instances of this implied association that one critic has argued that the novel was intended as an allegory, its real message being that Jesus Christ did not believe what he was preaching and that he went to the Cross knowing full well that what he had taught men was false, allowing himself to be martyred merely for the sake of creating a myth with which men might console themselves.[11] This interesting hypothesis has one flaw: if Unamuno's real intention was to make us see Don Manuel's story as an allegory of the life of Christ, why did he use unreliable narration? Why did he not use impersonal narration? Or if personalized narration, why not a reliable narrator? The simple fact that Unamuno has chosen an unreliable narrator means that he wants to cast doubt on the

[11] John Butt, *Unamuno: San Manuel Bueno, mártir*, pp. 57-66. The same idea is found in Ricardo Gullón, *Autobiografías de Unamuno* (Madrid, 1964), pp. 342-6. Both critics attach great importance to the association Christ-Don Manuel. But it is worth remembering too that Don Manuel is also three times associated with Moses: once by himself, once by Ángela and once by Unamuno. The intended analogy in this case is that Moses did not live to lead his people into the promised land because he had not shown sufficient faith (Old Testament, Book of Numbers, xx, 12)

story and its presentation. There are other possible explanations for the association Don Manuel – Jesus Christ. Unamuno may have wanted to play down faith at the expense of action (which he does quite explicitly in the epilogue): Don Manuel's story goes to show that one can be Christlike without believing everything that the Church insists we believe in: caring, not believing, is what makes saints of people. Also, the association Don Manuel – Jesus Christ serves to heighten the ambivalence of Ángela's narration. She cannot make up her mind about Don Manuel and sees him as a Christ-like figure one moment and as an impostor the next. Indeed rather than as Christ I would say that she tends to depict him as an actor playing the role of Christ, an actor who has a magnetic effect on his audience through his presence and vocal qualities: 'la acción de su presencia, de sus miradas, y [...] sobre todo la dulcísima autoridad de sus palabras y sobre todo de su voz – ¡qué milagro de voz!' (7). The high point of Don Manuel's act is his playing of the part of Christ in the Good Friday service, with the enunciation of the words, 'My God, my God, why hast Thou forsaken me?', but several other actions of Don Manuel as presented by Ángela strike a theatrical note: his tears, his use of catch phrases such as 'doctores tiene la Santa Madre Iglesia', his replies to questions with biblical quotations such as 'Judge not, that ye be not judged' and 'Render unto Caesar what is Caesar's', his last general communion in which as he gives the host he whispers to Lázaro 'no hay más vida eterna que ésta' and to Ángela 'reza también por Nuestro Señor Jesucristo' (33), and finally his death in the church in front of his entire congregation. It is not so much a person as an actor that we are presented with, an actor publicly playing the role of a saint. It is this role-playing, this 'fingimiento' or pretence, that must make us question Ángela's portrayal of Don Manuel.

Ángela's personal re-creation of Don Manuel, then, is a highly equivocal one, governed by her own ambiguous relationship with him. As she consciously consigns her memories to paper she also subconsciously betrays feelings of perplexity and regret at having given her life to Don Manuel's spiritual cause only to find herself in the end sad, lonely and confused. It is evident that Ángela's reconstruction of Don Manuel's life, her revelation of his 'secreto trágico' and of his 'piadoso fraude', represents a reply and a challenge to the orthodox biography that the Bishop of Renada is preparing. Ángela, who comes close to being a doubting Thomas all her life, from the time she started reading her father's books to the moment of writing her memoir, makes an even greater one of Don Manuel. The sentiments she puts in the mouth of Don Manuel parallel her own present sentiments. When she makes him say 'me figuro ahora que creía entonces' she is echoing her own question to herself *at the moment of writing*: '¿Y yo creo?' When she makes him equate his childhood faith with dreaming, she is reflecting her own tendency *as she writes* to see the past as a dream: '¿Es que esto que estoy aquí contando ha pasado ...? ¿Es que todo esto es más que un sueño ...?' (44). This 'togetherness in doubt' that Ángela shares with Don Manuel is her way of compensating for the simple fact that she had never succeeded in being as close to him as were Lázaro and Blasillo: she did not enjoy the affection of the priest as did the village simpleton, nor did she enjoy the confidence of the priest as did her brother. The unconscious recognition that Don Manuel did not fully reciprocate her infatuation leads her to write a double-edged account of the priest's life, encomiastic yet subtly critical. But the memoir allows us to infer much more about Ángela herself than about the priest: *she* is the real doubter. The truth about Don Manuel, hidden behind the impenetrable barrier of Ángela's personality, uncertainties and emotions, is inaccessible.

STRUCTURE AND THEME:
A THEOLOGY OF DOUBT, AN ART OF UNCERTAINTY

There are two versions of Don Manuel's life. One is the version that we read, Ángela's version. The other is the version being written by the Bishop. This latter version we do not read, but we know what is in it without having to: it is to be the record of the saintly life of a humble parish priest held up as an example to all. This other version of Don Manuel's life is clearly important, since Unamuno makes the narrator mention it both at the very beginning and at the very end of her account, as if to remind the reader that he should not forget the existence of this alternative view. The two versions are obviously different in tone and substance. Which of them is the more accurate? Are they both true? Or are they incompatible? The essential difference between the Bishop's version and Ángela's lies not in the facts of Don Manuel's life but in the interpretation of them. This is virtually conceded by Ángela herself when she says at the very end: '[...] le he dado [to the Bishop] toda clase de datos, pero me he callado siempre el secreto trágico de Don Manuel y de mi hermano' (44). The real difference, then, is that Ángela's account is built around what she calls Don Manuel's tragic secret. And she adds: 'Y es curioso que él [i.e. the Bishop] no lo haya sospechado' (44). But, one might well ask, how could the Bishop have possibly suspected such a thing? All the information which is being passed on to him by Don Manuel's parishioners reinforces the image of

Don Manuel as an orthodox and exemplary pastor who has shown a total dedication to his flock.

At this point it is useful to bear in mind the fictional framework that Unamuno has given his novel, that is to say the fictional circumstances in which the narrative belongs. 'Ahora que el obispo de la diócesis de Renada [...] anda, a lo que se dice, promoviendo el proceso para la beatificación de nuestro Don Manuel ...' (3), a circumstance which is mentioned again at the close: '[...] el ilustrísimo señor obispo, el que ha promovido el proceso de beatificación de nuestro santo de Valverde de Lucerna ...' (44). It is Don Manuel's reputation for sanctity that prompts the Bishop to initiate the process of beatification and commence an ecclesiastical inquiry, and in Ángela's version this sanctity is not questioned. But for beatification to take place the Church will require not only sanctity but also orthodoxy: it is not going to beatify someone who does not believe in the resurrection of Christ or in life everlasting, which is what Ángela's memoir clearly suggests about Don Manuel. Suppose this document were to fall into the hands of the Bishop and the ecclesiastical court considering Don Manuel's beatification: how would they react to it? The question is not a mere hypothetical or whimsical one since this, after all, is precisely the position the reader is in. We, too, have to make up our minds about Don Manuel, and this inevitably involves making up our minds about Ángela's evidence. The Bishop and other members of the court of inquiry (and by analogy the reader), if they were concerned about establishing the truth, would want to consider two questions in connection with Ángela's account: (1) Is there any external evidence to support Ángela's view of Don Manuel? (2) What sort of a person is the writer of this document: is she a completely reliable witness, reliable enough for what she says to be taken literally? The answer to the first question has to be no; Ángela has not a single supporting witness upon whom to call. Lázaro, who might have shed further light is by now dead, and the notes which he left behind appear to contain Don Manuel's teachings, not evidence of his disbelief, so far as we are able to tell. The answer to the second question is not so straight-forward; but as we have seen, an analysis of the narrator's personality and of the way she writes must lead one to the conclusion that the account, far from being an objective, factual record, is a strongly subjective, impressionistic and idiosyncratic personal statement. There is, in addition, supporting evidence that Unamuno wanted us to be fully aware of the possibility that Ángela's view of Don Manuel may not be the sole truth. In the authorial interpolation at the end of the story, Unamuno inserts a short paragraph which ends with the phrase 'Y el que quiera entender que entienda' (45), a phrase of biblical origin which functions as an invitation to look beyond the surface for the deeper implication of the speaker's words. In this cryptic paragraph, on the face of it rather superfluous, Unamuno, quoting the epistle of St Jude, verse 9, reminds us of St Michael the Archangel's reproof to the Devil, who was claiming Moses' body: 'El Señor te reprenda'. There are three entities involved in this biblical anecdote: Moses, St Michael and the Devil. Since (1) Don Manuel has earlier been explicitly associated with Moses, since (2) Unamuno is explicitly identifying with St Michael (he reminds us that St Michael is his patron saint), and since (3) the only person responsible for transmitting the story is Ángela (as Unamuno has just reminded us in the immediately preceding paragraph), the clear possibility arises that Ángela is being associated with the Devil (the association of angels with devils occurs in St Jude's epistle too). In other words it appears that Unamuno is using this episode from St Jude, the dispute between St Michael and the Devil over who was to have jurisdiction over the body of Moses, as a symbol of a divergence of views between Unamuno himself and his narrator. But why give the reader an indication in this strange way? Why cast Ángela in the role of the Devil? The answer in fact is beautifully simple and says a great deal for Unamuno's artistry. The explanation lies in what I have just referred to as the fictional framework of the novel, that is to say the circumstances of composition of the life-story of Don Manuel. As we have seen, what incites Ángela to write her memoir is the beatification process initiated by the Bishop of the diocese. Don Manuel is now the subject of an inquiry by an ecclesiastical tribunal that will have to sit in judgement and decide whether he is a worthy candidate for beatification. In such a tribunal of inquiry the Church always appoints a prosecutor (technically *promotor fidei* but more widely referred to as *advocatus diavoli*) whose function it is to oppose the promoters of the beatification process by questioning the evidence put forward for beatification and by looking for contrary evidence. In the case of Don Manuel it is the Bishop (in accordance with canonical procedure) who is promoting the process of beatification and who is writing his life as an example of perfect priestliness. Contrariwise, Ángela, in her testimony, is presenting Don Manuel as a man lacking in faith, and is consequently hitting at the very heart of the case for beatification. In the context of a canonical beatification process (the starting point for Ángela's story), Ángela and the Bishop are antagonists. It follows that Ángela is cast in the role of *advocatus diavoli*, the Devil's advocate. There is even further evidence that this is indeed what Unamuno had in mind, for in the very same paragraph he includes, at first sight

gratuitously, a definition of the Devil which fits in exactly with the role of Ángela as *advocatus diavoli*: 'diablo quiere decir acusador, fiscal' (45).

Unamuno, then, has given us a cryptic but intelligible warning not to take Ángela's view of Don Manuel at face value. What Unamuno is doing in effect is depriving his readers of the one, single, comfortable truth at the heart of the tale. Instead of handing the truth to us on a plate, the author forces us to search for it, and in searching for it we are creating our own story, pouring our own minds and personalities into the book and thus fulfilling the role that Unamuno wanted his readers to fulfil. And he has achieved this end not by obfuscation or obscurity, which is what some of his less sympathetic critics have found in this novel, but by a remarkably skilful arrangement of the narrative. We have to remember that Unamuno is writing a novel about a subject which is itself nebulous and enigmatic: the nature of religious belief. It is therefore not unreasonable for him to adopt a narrative form which is itself a reflection of the problematic nature of the subject. As a first step he creates a range of characters who exemplify some of the possible ways of believing or disbelieving. In effect we have four. There are the villagers, of whom we may take Blasillo the simpleton as a symbol. Blasillo is an unquestioning believer, one who believes mechanically, by imitation, without an effort of the will, though no less sincerely for that. At the other end of the scale is Lázaro, who is a complete sceptic, convinced that the religious interpretation of life is a falsification even though he learns to see its usefulness, and again his sincerity is not in doubt. In between these two positions are Ángela and Don Manuel. Ángela is a believer, but one racked by doubts, a believer who has to make a real effort of the will to sustain her belief and who is only partly successful in casting those doubts aside, for they surface in moments of self-analysis. Don Manuel is of course the real puzzle of the four characters. He is certainly a profoundly religious person, unlike Lázaro, and for him, as he himself says, all religions are valid. What characterizes Don Manuel's religious position is not scepticism but simply his conviction that he will not survive after death. On one level his religious adherence is totally unselfish, since it is not the promise of a reward in the next life or the fear of punishment that makes him religious; but on another level he derives comfort from his position as keeper of other people's beliefs.

The master stroke comes, however, not so much in the author's choice of characters as in the decision to use one of those characters as a mediating mind through which the story is filtered. This filter that is the narrating mind invariably colours the way the story is told, all the more so since this perceiving mind is characterized by a very particular personality that imposes its own strongly subjective vision on the subject of its narrative. The effect of this manner of narration is to deprive the reader of objective knowledge and to offer him instead mere possibilities. But this for Unamuno is precisely the situation that obtains in the realm of religious belief: he held that religious belief could not be based on knowledge but only on intuition or personal conviction, it could only come, as we saw earlier, 'through the channel of the heart'. Just as the Gospels of Christ written by Matthew, Mark, Luke and John were described by Unamuno as novels and not chronicles, that is to say as imaginative re-creations rather than mere factual records, so the gospel of San Manuel written by Ángela is her novel: not simply a record of a life but a personal interpretation of it, the work of Ángela's imagination and fantasy having only partial links with an external reality. Instead of having Unamuno's direct account of Don Manuel, we have an account which is refracted through a fictitious consciousness, which makes the truth less accessible. But Unamuno is not content with interposing one consciousness between the truth and the reader. The narrator's account is in turn based, at least in part, on what she heard from a third person, her brother, so that it is at one more remove from the reality of Don Manuel. Don Manuel thus becomes the creation of the villagers, of the Bishop, of Lázaro, of Ángela, and ultimately of course of the reader; but the more the reader tries to establish the 'real truth', the further that truth recedes. There is a long-established convention among readers of novels that what we are told in a novel is true, true, that is, within the confines of the book. We normally take the narrative at face value because we accept the narrative authority that has been invested in the text by the author: what we read is the truth of the story. But in *San Manuel Bueno, mártir* Unamuno has undermined the narrative authority of the text by his arrangement of the narrative. The conventional fictional 'truths', the facts of the story, are in this case few and can be quickly summarized. They are the basic elements of the narrator's story: her family circumstances and certain events in her life; the existence of her brother and of his public conversion; the existence of Don Manuel, his reputation for holiness, and the process of beatification. But these basic facts are no more than the bare bones of the story; as soon as the narrator starts to elaborate on them an element of uncertainty begins to creep in. Ángela's information about Don Manuel consists partly of anecdotes which she herself receives at second hand since she was not always present; and partly also of her impressions, recollections, reminiscences and reconstruction of events and conversations which at the time of narration are very distant, and which merge in her memory to give the account its dream-like quality. As we move into the realm of personal relationships the account becomes ever more uncertain. Is Ángela being entirely frank about her motives for sacrificing herself to Don Manuel's cause? What about the motives behind Lázaro's conversion and his own relationship with Don Manuel? Did Don Manuel tell Lázaro the complete truth about himself? Did Lázaro tell Ángela the complete truth about Don Manuel? Did he tell her the truth about his own motives? Lázaro after all is not a neutral witness: according to Ángela he is an atheist who thinks Don Manuel 'demasiado inteligente para creer todo lo que tiene que enseñar' (20). Has Ángela been unduly influenced by her brother? All these are questions which Unamuno's manner of presentation of the story makes us speculate about, but our speculations do not lead to easy answers and we are forced to remain in a world governed by uncertainty. Unamuno has gone even further in his use of unreliable narration: for as we have seen he has included in Ángela's narration certain words and phrases, as well as certain anecdotes about her, which constitute an unconscious self-portrayal on her part, and which are highly suggestive both of a submerged and intimate side to her attachment to the priest and of the cause of her ambivalence towards him. But just as Ángela could not in the end make up her mind about Don Manuel, so too the reader is ultimately left in a quandary about the narrator herself.

The theme and the structure of *San Manuel Bueno, mártir* lead one to the conclusion that what Unamuno had in mind was an exploration of the nature of perception and belief, that is, of an individual's own intimate reasons and motivations for accepting or rejecting something as true and real. Don Manuel could not bring himself to believe that he would survive after his physical death; but this of course is Ángela's perception; the villagers have a quite different one. And while Ángela's don Manuel does not believe, he hopes to live on in the minds of his people, to become a part of their collective consciousness, like the lake and the mountain. This is in turn reflected in Ángela's own doubts and in the way in which she herself derives consolation from a sense of belonging in and with her people and of living through them: 'Y él me enseñó a vivir, él nos enseñó a vivir, a sentir la vida, a sentir el sentido de la vida, a sumergirnos en el alma de la montaña, en el alma del lago, en el alma del pueblo de la aldea, a perdernos en ellas para quedar en ellas' (42). Ángela's memoir is an attempt, as death looms near, to maintain her links with a fading past. It is in some sense a cry for survival. To remain, to endure, to triumph over the menace of complete annihilation at death is also the driving force of art. In the closing paragraph of his personal interpolation at the end of the story Unamuno asserts the superiority of *novela* over *cronicón*, of invented narrative over chronicle, and he goes on to say that his *relato* is not history, not something that belongs to the past, because in it nothing happens; 'mas espero que sea porque en ello todo se queda, como se quedan los lagos y las montañas ...' (46). Through these symbols of permanence Unamuno gives expression to his hope that the artist in him will live in us as we, the community of his readers, respond to and keep alive the creative consciousness that lies within the artefact. If we do so, the impermanence of individual man will have been countervailed by the communal links that stretch across the boundaries of time.

LA NOVELA DE DON SANDALIO: THE DEADLY GAME OF CHESS

La novela de Don Sandalio, jugador de ajedrez was written immediately after *San Manuel Bueno, mártir* and evinces something of the same approach to novel writing: the use of a problematic form and the presentation of possibilities rather than certainties. But it is also a more artificial story, more remote from common human experience, though no less intriguing for that. Curiously perhaps, the kernel of this strange tale is to be found in a memory of Unamuno's youth, as is evident from one of the articles which he used to write regularly for the Buenos Aires newspaper *La Nación*:

> En mi época de ajedrecemanía solía yo jugar con un ancianito que no parecía vivir sino para el ajedrez. Todas las tardes me pasaba dos o tres horas jugando con él. Y jamás supe sino su nombre,[12] que hoy ya no lo recuerdo. No sé de dónde, ni cómo era, ni qué ideas tenía, ni nada de su vida pasada. No nos unía más que la común afición al ajedrez. Y así se ve que dos hombres pueden reunirse todos los días dos, tres o más horas, en torno a un tablero, a comerse caballos y torres y convertir a peones en reinas y desconocerse profundamente el uno al otro, manteniéndose mutuamente extraños. [...] Un día falta uno de los jugadores, dura su ausencia unos días, al cabo de ellos vuelve a su hábito, pero vestido de luto y con aspecto de cierta tristeza. En esos días ha quedado viudo. Y puede muy bien ocurrir que su competidor lo ignore.[13]

---

[12] *And his name was all I ever learnt.*

[13] *Contra esto y aquello*, Austral (Madrid, 1969), p. 118.

There is an obvious and close connection between this little anecdote and the much later story, but in composing the latter Unamuno has gone well beyond the anecdote, especially in heightening the enigma of the two chess players by the use of unexplained situations. The plot itself is simple enough. A man goes to a resort to recover from some mental or health crisis, and at the local social club he gets into the habit of playing chess with another member, Don Sandalio. He relates his impressions and experiences in twenty-three letters which over a period of two months he writes to his friend Felipe. On one occasion Don Sandalio is absent for a few days and the letter-writer learns that he has suffered a bereavement. The chess games are resumed only to be interrupted once more by the illness of the letter-writer. When he returns to the club to renew the chess encounters with Don Sandalio he discovers to his consternation that the latter has been put in gaol. Interviewed by the examining magistrate, the letter-writer can contribute no information about the detainee. Days later, he hears that Don Sandalio has died while still in custody, and the letter-writer then decides to put an end to his visits to the club. The final development takes place when Don Sandalio's son-in-law turns up at the hotel with a tale to tell, but the letter-writer refuses to hear what he has to say. Don Sandalio's life-story thus remains an enigma. We know virtually nothing about his personal circumstances: he loses a son and he has a son-in-law; but we do not even know if he has a wife or if his daughter is alive or dead. Nor do we know the cause of his imprisonment or of his death. *La novela de Don Sandalio* turns out to be virtually a complete non-event; it is a story in which the story has been left out. But as we shall see, this is part of the point that Unamuno wishes to make.[14]

Don Sandalio is not the only enigma in the tale. As in *San Manuel Bueno, mártir*, Unamuno has made use of a personalized narrator through whom to convey the story; indeed the intervention of this narrator is every bit as crucial as that of Ángela Carballino, and his personality and motivation rather more impenetrable. The one thing we know about him is that he is a compulsive letter-writer; but in every other respect he is a mysterious and puzzling figure. What little we do know about his circumstances only

[14] Unamuno felt it necessary to insist on this point in a prologue he wrote for the Espasa-Calpe edition of 1933: 'No tan sólo importan poco para una novela, para una verdadera novela, para la tragedia o la comedia de unas almas, las fisonomías, el vestuario, los gestos materiales, el ámbito material, sino que tampoco importa mucho lo que suele llamarse el argumento de ella' (*San Manuel Bueno, mártir y tres historias más*, Madrid, 1933, p. 14).

adds to the enigma. What is he running away from? What kind of crisis has he gone through? Why does he need to retire to a place where he will be unknown? What has made him into such a hater of mankind? In his third letter he speaks of 'la herida que traje', and in his sixteenth letter he reminds his correspondent that he has no home, that he lost his home, and by implication his family, years ago ('mi hogar se deshizo'), and that it is this loss that has made him so bitter and misanthropic. No details of this apparent tragedy in the letter-writer's life are given, however, and the reader is forced either to imagine them for himself or remain in the dark. Of course the absence of information can be justified by the epistolary form that Unamuno has cleverly chosen to employ. Since his correspondent, Felipe, must be presumed to be acquainted with the letter-writer's past life, the latter does not proffer details which would already be known to him. Indeed the author of the letters states as much when he says: 'Tú sabes, mi Felipe, ...' (letter 16).

If the letter-writer's background is mysterious, his behaviour is decidedly strange. His self-imposed exile from human society is something of a paradox since almost immediately upon arrival he joins the local Casino, a social meeting point and a hive of human clatter of the kind the letter-writer purports to detest. Having seemingly inflicted on himself the burden of social inanities, he then feels compelled to escape from it periodically by going down to the sea to contemplate the waves dying on the shore or up into the woods to befriend an oak tree hollowed out with age. He is a solitary person who feels imprisoned by his loneliness (letter 16), but it is impossible to be sure whether he is a reluctant solitary or a reluctant socialite. Whatever the cause of his loneliness, it is clear that he both feels cut off from humanity and paradoxically fosters this isolation. What interests him about the oak tree is not simply that it is still alive despite its hollow interior, but also that it has an ivy plant hugging its trunk and branches, giving it extra life and colour, which suggests nostalgia for a companion, or at least for a new, life-sustaining, identity. He calls himself a Robinson Crusoe and reveals a fascination for the episode in Defoe's novel in which Crusoe, cast away on a desert island, comes across a human footprint in the sand. He too, he says, has found a human footprint in his own desert island. Yet his interet in Don Sandalio is not an interest born of human warmth or of affection for another being. The letter-writer is scarcely interested in Don Sandalio as a separate being. In the fourth letter, it is true, he wonders what Don Sandalio does when not playing chess and whether he has a family. But when he has an opportunity of finding out about the real Don Sandalio, he deliberately shuns it. He does not enquire as to his health or his bereavement. When someone at the club is about to tell him of Don Sandalio's son, who has just died, he cuts him short: '[...] al oír esto me fui, dejándole con la palabra cortada' (letter 9). Some time later, when someone else imparts the extraordinary news that Don Sandalio is in gaol, the letter-writer once again interrupts the explanation of the event that his interlocutor is about to give him: 'Me levanté, y casi sin despedirme de él me salí del Casino' (letter 15). And when he catches himself wondering why on earth Don Sandalio should be in gaol he even dismisses his own natural curiosity: '¿qué me importa? Lo mismo que no quise saber lo de su hijo, cuando se le murió éste, no quiero saber por qué le han metido en la cárcel. Nada me importa de ello' (letter 15). It is not a case of the letter-writer not being curious about Don Sandalio, since he often asks himself questions about him; it is that he adamantly refuses to allow a version of Don Sandalio created by other people to intrude into the version he creates for himself. This total reluctance to allow an objective reality to interfere with his own subjective vision culminates in his adamant refusal to listen to the son-in-law's version of the tragedy which had overtaken Don Sandalio (letter 20). From a purely conventional point of view the narrator's behaviour reaches at this juncture the peak of irrationality. He is rude to the visitor who has come to see him under the impression that he was as interested in Don Sandalio as Don Sandalio was in him, refuses even to entertain the visitor's request for advice, and curtly insists that he is not interested in anything the visitor might have to say because 'me basta con lo que yo me invento'. The narrator resents the fact that Don Sandalio is not solely his property and reacts by wilfully ignoring and rejecting other people's knowledge of him. As he makes it abundantly clear, it is only 'mi Don Sandalio' that he is prepared to accept as authentic. He does at times reluctantly recognize the existence of another Don Sandalio, even as late as in letter 21, after he has refused to listen to the son-in-law. But in letter 22 he flatly refuses to go in search of the real Don Sandalio, as Felipe would like him to do, preferring instead to continue his own dreamlike imaginings of him. The letter-writer begins his account of Don Sandalio by saying: 'No he podido columbrar nada de su vida, ni en rigor me importa gran cosa. Prefiero imaginármela' (letter 4), and at the end he is still reiterating the same idea and advising his curious correspondent to do the same himself. Yet in between, the letter-writer has in fact imagined very little about his man, for, despite his determination to invent Don Sandalio, his powers of invention turn out to be meagre. In the end his own Don Sandalio is something of a hollow shell. After Don Sandalio's death the narrator cannot pursue his quarry any

further, and Don Sandalio remains, as the narrator himself admits in his
concluding words, a 'sombra enigmática' which he is forced to leave behind
as he prepares to return to his home town on the morrow.

Both the behaviour and the account of the letter-writer must raise some
doubts about his sanity. He is a person who evinces a complete inability
to establish normal human relationships; he feels more at home among
trees than among people. He has come to the resort to convalesce, 'a
estación de cura' he says (letter 3), and while there he experiences some
kind of a relapse. He is in fact suffering from a heart ailment, as diagnosed
by the doctor who visits him, but his illness is as much of the mind as of
the body, 'más de aprensión que de enfermedad' (letter 13). The repeated
use of certain symbols – dying tree, dying waves, dead leaves, house in
ruins – suggests that his *aprensión* is a fear of death. This fear comes out
in his dream too, in which he is in imminent danger of being devoured by
an opposing black knight as he fights desperately to keep his white king
alive. The idea of madness is brought in sometimes obliquely, sometimes
directly: obliquely when first Don Sandalio and later his son-in-law give
the narrator a quizzical look that expresses their understandable alarm after
the latter's extraordinary outbursts, and also when the narrator evokes
the image of the mad Don Quixote being taken home in a cage; directly
when he wonders if perhaps Don Sandalio had intuited the truth about
him and he was in fact mad (letter 12), and in his references to himself
as a mad bishop (letters 12 and 13). The letter-writer also indulges in some
irrational speculation about other people. Refusing to accept the son-in-
law's information to the effect that Don Sandalio spoke of him at home,
he says: '¡Imposible! El tal yerno tiene que ser un impostor' (letter 18).
But far from being impossible, it has to be not just possible but necessary;
for if Don Sandalio had not spoken of his fellow chess player at home the
son-in-law would not have been able to provide the examining magistrate
with the details nor been able to visit him in his hotel. His remark that 'el
yerno es, de seguro, el que hizo que le metieran en la cárcel' (letter 18) is
not merely a wild conjecture but also an arbitrary denigration of a man
he has never even met or knows anything about. But the narrator's tendency
towards wayward lucubration is by now so ingrained that having accused
the son-in-law of instigating Don Sandalio's imprisonment he then goes
on to speculate that he called on him as a witness for the defence! The
narrator's mental disturbance must therefore be reckoned an important
factor in the strange quality of the story which he tells. If the enigma
appears to revolve around Don Sandalio it is because, and only because,
the narrator refuses to listen to explanations. The real Don Sandalio, if

there is one at all, need not have been enigmatic at all. His life, his death, his personality, his imprisonment, could all have been explicable, but we are simply not given the information to explain them. Despite the narrator's wish to turn him into an extraordinary figure, there are aspects of Don Sandalio that are entirely natural. He turns out to have a family and a home and he does share his experiences with others. We do not know why he is arrested, but other people do not appear to be surprised by this development: the informant finds it entirely logical: 'Pues claro, ¡en la cárcel! ya comprenderá usted ...' (letter 15). We do not know why Don Sandalio's son dies, but again there was a story behind this, one that we are never allowed to hear. Similarly we do not know why Don Sandalio himself dies; but we do know that he was ill. The mystery about Don Sandalio is presented by the novelist as the deliberate creation of a letter-writer whose mental stability is suspect and who is indulging in fantasy. Just as the letter-writer confesses to amusing himself in the Casino by observing the other members and imagining their thoughts, so he fills the empty hours of his purposeless existence by writing letters to his friend Felipe which are full of whimsy and idle imaginings. In effect the narrator presents us with two Don Sandalios: a mysterious one who becomes the subject of his quaint musings and a more normal one who does not appear to interest him at all.

Most readers will feel perplexed by this story, yet Unamuno does not really help. In the epilogue he puts forward the idea that the author of the letters is Don Sandalio himself and that he relates his own death to put the reader off the scent. The suggestion is bizarre and merely compounds the enigma. For if Don Sandalio were the author of the letters he would in effect be inventing the figure of the letter-writer who addresses himself to his friend Felipe, which adds up to a complete conundrum. Furthermore he would be giving his correspondent an impossible account of his own death. There is nothing in the text to support this suggestion. Indeed Felipe in his replies to his friend expresses a desire to know more about Don Sandalio. The other possibility raised by Unamuno is that the whole thing is an invention of the person who sends him the fragments of the correspondence, in other words of the addressee of the letters, Felipe. If so, the letters are a hoax, pure fantasy not just on the level of the real world, Unamuno's world, but on the level of the fiction too, and it matters little whether the fantasy is created by the anonymous letter-writer or by Felipe. Unamuno appears to be amusing himself at the expense of the no doubt baffled reader, and his comments on the authorship of the letters are merely mischievous. Indeed there appears to be no advantage in postulating a fictional author other than the one we are presented with: the unnamed letter-writer. However, Don Sandalio is not simply a separate entity. The letter-writer acknowledges the existence of two Don Sandalios: the one who goes home after the game of chess and there, inaccessible to him, leads a quite separate existence; and the one who is created by the letter-writer on the tenuous basis of his brief and mute exchanges with him over the chess board. And there is no doubt that of these two Don Sandalios the second one at least is first and foremost a reflection of the mind of the letter-writer himself. He even comes close to admitting this when he says: 'me di casi a temblar pensando si en fuerza de pensar en mi Don Sandalio no me había éste sustituido y padecía yo de una doble personalidad' (letter 9). This idea of a double personality is crucial, and once we realize just how closely the narrator's Don Sandalio is modelled on himself an interesting possibility emerges, a possibility that, despite the undeniable whimsicality of the tale, has a peculiar logic all of its own.

That the letter-writer is creating Don Sandalio in his own image becomes clear when we consider the number of parallels between the two. Both enjoy playing chess silently, intently and without onlookers, comments or interruptions, unlike the other chess players in the club. The letter-writer is a solitary and introverted man; so is Don Sandalio: '¡Le veo tan aislado en medio de los demás, tan metido en sí mismo!' (letter 4). The letter-writer is an ailing man, perhaps seriously ill; and he is worried by his health. All this applies to Don Sandalio too: 'Le observo a Don Sandalio alguna preocupación. Debe de ser por su salud, pues se le nota que respira con dificultad' (letter 8); Don Sandalio is indeed so ill that a month later he is dead. We know too that the letter-writer has suffered some kind of tragedy in his life; exactly the same befalls Don Sandalio: he loses a son, cannot bear to stay at home, is imprisoned, and the writer even hints darkly at other possible tragedies in his life. Indeed the idea of a personal tragedy in Don Sandalio's life has been present in the writer's mind from the very first encounter — '¿lleva alguna tragedia en el alma?' (letter 4) — which reflects the intrusion of his own personal tragedy into the story he is telling. Don Sandalio, in other words, is made into a tragic figure by the letter-writer's own sense of personal tragedy. It is a kind of catharsis, a relieving of the neurotic state of mind of the narrator by the projection of his own fears and anxieties onto another being, a being created by literary means. At one point the narrator actually acknowledges that his letters provide an outlet for the release of his mental tension: 'un desahogo de cartas', he calls them (letter 16). What precisely the anxiety is that impels him to indulge in such unusual epistolary activity we are not directly told; but, as I indicated a moment ago, various symbols and references that appear repeatedly seem to point in one particular direction.

The letter-writer is fleeing from the trivialities of everyday existence: he cannot tolerate the superficial inanities of 'los que se mueren sin darse cuenta de ello' (letter 19). A lonely and ailing figure, he sees the end of his life approaching, just as the autumnal season is moving inexorably towards winter. The approach of death makes him apprehensive, restless, unsociable and self-centred. As we can see in his sporadic and reluctant visits to the Casino, he craves for human fellowship, yet at the same time shuns it. He experiences the existential loneliness of knowing that he has to face death on his own. He sees himself as a Robinson Crusoe on a desert island, hankering after companionship yet terrified by its presence. He allays his fears by creating his own Man Friday in the person of Don Sandalio, and in his creation he reveals the nature of his predicament. 'No viene al Casino más que a jugar al ajedrez', he says of Don Sandalio, 'y lo juega [...] con una avidez de enfermo' (letter 4), as if it were the last game of his life. The other members regard him as 'un maniático', but 'con un cierto dejo de lástima', and offer to play with him 'por compasión' (letter 4). The chess game which the writer plays with Don Sandalio with such intensity encapsulates the ever-present threat of death, death which can supervene at any moment as if by checkmate. The symbolic function of the game of chess as a desperate struggle for survival is absolutely clear in the nightmare which the letter-writer recounts and in which, significantly, he is playing white and is being devoured by the black pieces. Anyone who can face death with equanimity is, like the idealized Don Sandalio, a 'jugador heroico' (letter 8), but the narrator himself falls short of this ideal. Don Sandalio then, is a kind of more authentic, superior, version of the letter-writer; he does not indulge in chess problems, which are mere artificial distractions from the serious game of life and death. The writer has not reached this state of self-possession and serene contemplation that Don Sandalio demonstrates in his game. There are times when he cannot face the ordeal of the game and he avoids the Casino, withdrawing into his personal and tragic world of the lonely sea and the woods. This world is of course highly symbolic too. The oak-tree is dying, just like the writer. The tree has had its insides torn out ('entrañas vacías ... enseñando el corazón'), while the writer has a weak heart ('corazón averiado'). The tree is 'heroico', just like the chess player, because it faces death with dignity and serenity. The oak-tree is not alone, for it has the evergreen ivy for companionship; and when the tree lies dormant and bare in winter, the ivy, hugging its roots and its trunk, gives it a perennial and shiny green appearance, and when the tree finally dies completely the ivy will lend its own vitality to the dead trunk. It is a symbol of the hope and immortality that the letter-writer is desperately seeking. Much the same idea is contained in the symbol of the ruined cottage. The ruins too are covered in ivy, where some birds have established their nest. The remnants of the hearth can still be made out among the ruins, a reminder that once upon a time there was warmth and family life. The imagery is repeated in all its details in a later letter, but the sight of the nesting birds now makes the narrator wonder if when the cottage was alive with human habitation there might not have been also a bird in a cage. In other words, happiness in human companionship, in human society, does not necessarily bring with it a sense of freedom; freedom does not belong to man, the symbol seems to suggest, a suggestion supported by the reference in the same letter to sane men who delude themselves by believing they are free (letter 16). Man cannot be free, whether in society or in solitude.

Another recurrent image is that of the sea, to which the letter-writer is constantly attracted in his wanderings and which is, like the lake in *San Manuel Bueno, mártir*, a symbol of the impenetrable mystery of death and of what lies beyond. Time and again he is impelled by some unexplained force towards the seashore 'a buscar los problemas que se me antoja que me proponen las olas de la mar' (letter 11), problems which, like the chess problems, are a reflection of the turmoil and disquietude in his mind. And when he is too ill to go out he watches through his binoculars the water cascading down the mountainside on its way to the sea. It is interesting that the scene of the girl who reads and tears up a letter takes place on the beach. The beach represents solitude, that is, 'la playa de mi soledad' (letter 6), the existential loneliness of the individual as he faces the sea, that is, death. The meaning of this strange scene must of necessity be related to the narrator. The girl may be presumed to be a figment of his imagination, all the more so since the beach, we are told, 'estaba sola' (letter 14). The girl's action is clearly symbolic of the destruction of hope and illusions, as is evident by her own attitude and behaviour. The end of the relationship which the scene supposes and the deep sense of loss which is depicted have premonitory functions. In the next letter, dated only twenty-four hours later, the narrator loses the consoling presence of his other creation, Don Sandalio. The latter's imprisonment is also premonitory. Although it appears to be independent of the narrator, the fact is that the shattering event takes place during the latter's illness, so that we can establish an equivalence between the two: Don Sandalio's imprisonment is yet another symbol of the letter-writer's impending death, a death foreshadowed by his cardiac illness. There is no escape from their fate for Don Sandalio or the letter-writer: 'a Don Sandalio, a mi Don Sandalio, le han matado con eso de haberle encarcelado. Presiento que ya no va a salir de la cárcel' (letter 16). These words seem to imply that Don Sandalio is in the condemned man's cell awaiting execution, and the narrator's total identification with him is made virtually explicit when he immediately adds that he might just as well have a cell or dungeon built and shut himself it, or if not, then he could, like Don Quixote, be carried in a wooden cage, 'viendo al pasar el campo abierto en que se mueven los hombres cuerdos que se creen libres' (letter 16). The men who believe themselves to be free are of course those who go about their everyday business oblivious of the threat of annihilation that awaits their very next move. For the letter-writer freedom does not exist: all men are in the condemned cell. It comes therefore as no surprise to learn in the next but one letter that Don Sandalio has died in gaol. Remarkably, the letter-writer does not even know how he has come across this information, but for him the objective truth of Don Sandalio's death is immaterial; what is important is its symbolic value. The death of Don Sandalio is a death-experience, a premonition or revelation of his own death. The purely psychological and subjective experience of the event is underlined by the narrator's flight 'como sonámbulo', as if in a dream state, and he retires to the ivy-clad oak-tree in order to 'soñar' (letter 17). This is a repetition of his action when Don Sandalio was absent from the Casino after the death of his son, except that now the tree appears surrounded not by green ivy but by dead leaves swirling in the wind. The death symbol is transparently clear. Don Sandalio's death fills him, he says with a deep despair and creates in him a 'vacío inmenso', the same void in which he is taking refuge as he sits inside the hollow tree. The void is that of eternal nothingness. Wherever he turns he sees only death and decay staring at him. In creating Don Sandalio, the letter-writer has in effect been looking in a mirror and discovered only death staring back. The symbol of the mirror, which occurs in the next letter, is one that is associated, both in other works of Unamuno and in those of other writers of the time, with individual destiny, that is, with the dread of obliteration of the individual consciousness. The cafés in which the letter-writer might be tempted to seek consolation offer no refuge, for all he sees in the gallery of mirrors are multiple images of himself, endless spectres of unreality, copies of an original that deprive it of its precious individuality, a reminder that the individual as an individual, that is to say his consciousness of himself, is doomed to annihilation.

The letter-writer's obsession with death is apparent also in various comments and references. In letter 7 he talks of those simple-minded souls who think that the next life will be but a happier version of this one, and he even wonders if 'mi jugador de ajedrez creerá que terminada esta vida, se irá al cielo, a seguir allí jugando por toda una eternidad con hombres o con ángeles.' Since he has prefaced his comments on the appalling simplemindedness of some people with the remark that 'sigo preocupado, mi querido Felipe, con la tragedia de la tontería o más bien de la simplicidad', it becomes apparent that the *tonterías* which he so much abhors are not simply everyday banalities but the fact that such banalities betray an unawareness of the overwhelming presence of death, besides which all other concerns are dwarfed. As the narrator tells Felipe in letter 22, the most profound problem facing man does not revolve around his love life or his stomach, it is 'un problema de personalidad, de ser o no ser', it is a question of whether each person's own individual identity will endure or not. But the so-called sane men, the 'hombres cuerdos' of letter 16, go about their trivial business in blissful ignorance of the fate that awaits them, unaware of the fact that every moment they live they are dying. It is both 'la tragedia de la simplicidad' and also 'la felicidad de la simplicidad', a happiness-in-ignorance of which the letter-writer is himself deprived by his own anguished insight into the human predicament. He identifies not with the frivolities of the Casino-goers but with the obsessions of Don Quixote, of Robinson Crusoe, of Bouvard and of Pécuchet. Don Sandalio is the literary symbol of the letter-writer's obsession, a man apart from the rest of society because he has what the others lack: true insight into the tragic nature of the human situation. For this, he is first ignored and then cast into gaol, but by dying he not only frustrates his accusers but he vindicates his own existential outlook.

The two Don Sandalios, then, represent two sides of the letter-writer's personality. The Don Sandalio who exists solely for the purpose of the silent chess game and who abhors distracting comments represents the letter-writer's acute preoccupation with death: the tragic realization of the impending loss of his consciousness and identity, his inclination to solitude and introspection, the desire to overcome his despair and face the inevitable outcome with composure, and finally his disdain for a humanity absorbed in intranscendental pursuits. The other Don Sandalio, the one who talks at home and shares his everyday experiences with others and whose existence the letter-writer is reluctant to acknowledge, represents the writer's natural desire for a social existence, for communication with his fellow men even if such communication is painful, and it may be seen also as representing his public, as distinct from his private, image. In parts the correspondence hangs heavy with the bitterness felt by the writer, but his existential anguish is perhaps tempered by the cathartic experience of the creation of an alter-ego, and in the end some degree of reconciliation with humanity may be inferred from his announcement that he is leaving his retreat and returning to his home town. By creating Don Sandalio the letter-writer has thus helped to discover his own self or selves, for, as Unamuno says in the epilogue, creation is in some sense self-creation: 'Todo poeta, todo creador, todo novelador − novelar es crear −, al crear personajes se está creando a sí mismo.'

One can conclude, then, that *La novela de Don Sandalio* is primarily a story about a man's obsession with the phenomenon of death. Unable to come to terms with his own approaching death and full of pity for himself and hatred of others, he attempts to take refuge in a flight from reality that leads him into a private world charged with symbols, omens and enigmas. On this level the story does make some kind of sense and many of its mystifying aspects fall into an intelligible pattern. Unamuno, however, has woven into his book various other concerns which complicate the picture and convert the story into a more heterogeneous piece of work than the foregoing analysis might suggest. Chief among these concerns is the purely literary one which revolves around Unamuno's concept of fiction. This theme comes through powerfully in the last two letters and in Unamuno's epilogue, though it is relevant to the entire novel. Running through the novel is the notion of the contraposition of *historia* and *novela*, with a concomitant pattern based on the idea of fact versus invention. For the letter-writer the history of Don Sandalio − that is, the external facts of his life − is an almost irrelevant intrusion which he refuses to include in his account. His friend Felipe pleads with him to uncover the real facts, but the letter-writer refuses because, as he says, 'no me interesa su historia, me basta con su novela' (letter 22), reiterating his earlier position in his remark to the son-in-law, 'me basta con lo que yo me invento' (letter 20). On one level we could read this as an indication that the letter-writer is simply not in a position to uncover any facts because Don Sandalio is no more than an invention. But on another level it is obvious that Unamuno intends more than this since he brings in, perhaps rather too blatantly and clumsily, the question of what a novel should be based on. Thus, in letter 19, the narrator tells the anecdote about the bullfight reporter and the four teddy-boys, the point of which is, as is made explicit in the tagged-on comment at the end, to establish a parallel between the reporter who goes to the café to obtain copy and the 'noveladores de novelas realistas o de costumbrismo' who are only capable of depicting an external reality based on the compilation of phenomenological data. Exactly the same attitude towards writing lies behind the anecdote of Pepe el Gallego (letter 15), who complains that modern sociology is a mere compilation of factual curiosities; documentation has run riot to the detriment of ideas. Would that sociologists had the gift of inventiveness, remarks Pepe el Gallego, and the narrator concurs. Here Unamuno is having a dig at nineteenth-century positivism, with its fetishism of facts and documents. The anecdote of Pepe el Gallego is later associated with the art of the novel, when the narrator advises his friend Felipe to invent the missing 'facts' about Don Sandalio in accordance with Pepe's dictum. The letter-writer's invitation to Felipe to complete Don Sandalio's novel is of course Unamuno's invitation to the reader. At the end the narrator admits that the letters constitute the whole of *his* novel, 'toda mi novela del ajedrecista, toda la novela de mi ajedrecista' (letter 23). Since the emphasis is on personal creativeness this does not preclude other contributions from Felipe, that is, from the reader. Indeed such a contribution is a sign of a true, creative reader, who becomes a novelist himself as he reads. The narrator ends by attacking those novels written for the mass market and intended for the passive reader in which everything is handed to him processed and packaged so that he has no personal contribution to make, no active role to play. It becomes obvious therefore that in *La novela de Don Sandalio* Unamuno intended to write a novel that would frustrate and challenge the reader by its very incompleteness. The puzzling beach scene of letter 14, which though pregnant with potential meaning is included without any explanation or meaning assigned to it, is an analogy of the story as a whole: the reader is the one who has to decide its function and meaning, and if we merely read it passively then it will have none. In the epilogue Unamuno has another dig at readers who demand fully rounded, fully resolved, fully complete novels with carefully worked-out plots, products which he associates with nineteenth-century realism and its twentieth-century sequel. He has no use for such readers; the readers he writes for are those who prefer 'la novela de una novela', that is, a work that will effervesce with the contradictions, the mystery and the incompleteness of human experience. The reading experience, to be authentic, must remain, like the experience of life, tentative, uncertain and incomplete; for only by experiencing the daunting mystery of death can our lives be truly complete.

CONCLUSION

For all the differences in tone and substance between the two stories, that told by Ángela and that told by the anonymous letter-writer, it is surprising how many intriguing parallels can be drawn between them. These similarities can be found both in the realm of form and in that of subject-matter, although this distinction is an artificial one, legitimate perhaps as a method of analysis but inoperative within the text itself, such is the degree to which the subject-matter is shaped and governed by the form.

To take the question of form first, in both stories we have a narration based on subjective impressions. In one case it consists of a memoir based on the recollection of events that took place over a long span of time, in the other by the recollection of very recent events; but in both cases we receive a highly personal view of the events, so much so that both narrators begin to wonder about the accuracy of their descriptions. 'Y yo no sé lo que es verdad y lo que es mentira, ni lo que vi y lo que sólo soñé [...]. ¿Es que esto que estoy aquí contando ha pasado y ha pasado tal y como lo cuento?' (43), Ángela wonders, as she feels herself overcome by doubt, an attitude echoed in the other story by the letter-writer, who wonders whether he was awake or asleep when he met the shadow of Don Sandalio in the street, or whether his imagination is playing tricks and projecting into the past what is passing through his mind only in the present. 'Porque de he confesarte, Felipe mío — he adds — que cada día me forjo nuevos recuerdos, estoy inventando lo que me pasó y lo que pasó por delante de mí' (letter 21). Both narratives are thus gradually consigned to the realm of uncertainty as the narrators are assailed by doubts about the reality of their recollections. This has the added, and indeed the more important, effect of distancing from the reader the truth about their subjects, whether it be the priest Don Manuel Bueno or the chess-player Don Sandalio Cuadrado y Redondo.

This effect is reinforced by another technique, which consists in evoking an image of the subject which is at variance with the image which the narrator would have us accept. Ángela has her own image of Don Manuel and the letter-writer his own of Don Sandalio; but in each case we are allowed to glimpse another view of the character which does not concur with the narrator's perception of him. In the case of Don Manuel we have the Bishop's view, and in the case of Don Sandalio we have the son-in-law's view. This double view fulfils a double function: it allows us to perceive the subjectivity of the portrait given by the memoir-writer and the letter-writer respectively, and it puts before us the tantalising possibility that the 'real' Don Manuel or the 'real' Don Sandalio may have been very different. The possibility, however, remains just that, a possibility, or for that matter simply someone else's perception, as we slowly come to realize that the ultimate truth about each of these intriguing and possibly tragic characters is not directly accessible, and we then find ourselves forced to turn back to the narrators and their subjective consciousnesses in search of explanations of the particular visions they evoke. The form of the work forces the reader to penetrate the veil of the fiction and search for the truth himself, and in so doing re-create the fiction from his own vantage point; indeed in *La novela de Don Sandalio* the need for reader participation is made explicit when the letter-writer, addressing the expectant Felipe, that is, the reader, says: 'Escríbela tú si quieres' (letter 23). Thus *La novela de Don Sandalio* turns out to be not just about Don Sandalio, and *San Manuel Bueno, mártir* not just about San Manuel. In each case we have the projection of a fictional writer, which is in turn a reflection of an abstract idea of Unamuno's, that of artistic creation as the projection of the mental world of the artist and then finally of the reader's mind itself.

On the level of the subject-matter there are again significant parallels, even if *San Manuel Bueno, mártir* does strike one as an altogether more serious work. The most obvious similarity is perhaps the prominent role that death plays. It is not so much the event of death itself that is important − although it does take place in both stories − as the expectation of death and the consequent perplexity that it produces. Don Manuel does not believe in an afterlife and yet behaves as if he did. Fear of annihilation, of the loss of his personal identity, causes a deep sadness within him which his devotion to his people does little to assuage. But the sadness is not necessarily that of unbelief, for the same affliction affects his chronicler, Ángela Carballino, as she looks back with a heavy heart on a life that is now approaching its consummation. Don Sandalio, too, is in some ways a mysteriously tragic figure, not because he dies but rather because he is made into a symbol of irretrievable loss by the letter-writer. Death, then, is a central preoccupation in both novels. Ángela has lost Don Manuel and Lázaro; the letter-writer loses Don Sandalio and has probably lost others earlier, since there is an undisclosed tragedy in his life. Both narrators infuse the subjects of their stories with the sense of tragic loss which they carry within themselves. Their heightened awareness of death, their increasingly tenuous links with existence as a result of the loss of loved ones, old age and ill-health, compel them to self-expression as a means of coming to terms with their anguish and perhaps even of transcending the finiteness of individual duration: survival in the mind if not in the flesh. Don Manuel lives on through Ángela, and Don Sandalio through the anonymous letter-writer. And yet the two stories also suggest that this is no more than self-delusion. The reality of other people is a mirror of our own reality, a subjective creation of our own. Ángela resurrects Don Manuel in her own image, as does too the letter-writer with Don Sandalio. So if Unamuno is hinting at anything it is surely that while we can pretend to resurrect others, we are deluding ourselves if we expect ourselves to be resurrected in others. Indeed it need not even be a matter of making others live on after their death but simply of understanding them while they are alive. It is obvious that Ángela did not really understand Don Manuel any more than we do ourselves, and the letter-writer asks himself all kinds of speculative questions about Don Sandalio which he is unable to answer. The fact that we the readers can never hope to be in possession of the complete truth about Don Manuel or Don Sandalio is but a reflection of our own limited access to knowledge of others and conversely of others' limited access to knowledge of us. This, however, is not put forward as a gloomy pointer to the solipsistic nature of existence. Both novels after all also suggest that there is a degree of fulfilment and contentment in human companionship even for those who stand apart from the rest because they possess greater insight into the hopelessness of the human situation: for Ángela and Don Manuel, for the letter-writer and Don Sandalio.

San Manuel Bueno, mártir is of course about the problem of death in the context of religious belief and unbelief, whereas La novela de Don Sandalio is merely about the fear of death without any religious connection. But both novels show that for the author the nature of the subject is such as to lend itself to artistic and not rational exploration. Unamuno relies heavily on the use of dichotomy, both of concept and of image. Ideas and symbols exist in pairs, each part seemingly being the opposite of the other. Thus in San Manuel Bueno, mártir the central idea is contained in the dichotomy belief-unbelief. The two halves are inseparable, for as Ángela comes in the end to recognize, unbelief is but another form of belief: Don Manuel and Lázaro believed themselves to be unbelievers, and perhaps they were simply deluding themselves, or as she says, 'se murieron creyendo no creer [...], pero sin creer creerlo, creyéndolo en una desolación activa y resignada' (42). To be meaningful, belief needs unbelief, or at any rate doubt. Ángela is aware that she believes, but her very awareness causes her to doubt, to move in the direction of unbelief. The villagers on the other hand do not believe that they believe, that is to say, they lack awareness of their belief, and consequently the latter is not a real belief but simply a passive acceptance involving no conscious choice ('ni sabe el pueblo que cosa es fe, ni acaso le importa mucho', p. 46). If belief and unbelief cannot then be separated, the question will inevitable arise, '¿Qué es eso de creer?' (44), and the answer given by the novel is that to believe or to disbelieve is to experience the agony of uncertainty and of being unable to know. The dichotomy belief-unbelief also occurs in many accompanying images. Ángela, as her name implies, is associated with angels, but also with devils, as Don Manuel, Unamuno, and she herself make clear. The dichotomy Angel-Devil raises the question of motive: if you believe in one you believe in the other; if you believe in obedience and submissiveness (Angel), you are forced to believe in rebelliousness and pride (Devil), and one's motives may get caught between self-sacrifice and self-assertion, as Ángela obviously believes of Don Manuel and as we can believe of Ángela as she determines to contradict the Bishop. A closely related dichotomy is that of Cielo-Infierno. Ángela is worried by the concept of hell, which she finds hard to accept. Don Manuel tells her to forget about hell and to look up at the *cielo*, which is there for all to see. 'Pero hay que creer en el Infierno', replies Ángela, who senses the expediency of Don Manuel's reply. The heavens above may indeed be there for all to see, but to have doubts about hell is to risk having doubts about heaven – which also goes to show the shakiness of Ángela's religious faith if judged by orthodox standards. The heaven-hell dichotomy is paralleled by the mountain-lake image. The mountain (height) stretches up towards the sky, symbolising our hope for an eternal and higher form of existence; the lake (depth) symbolises the impenetrable mystery of our own existence and of what awaits us, and the fear of death and annihilation: like the snowflakes which disappear as they touch the waters of the lake, man too disappears into an unknown and awe-inspiring unconsciousness. But this fear is only a fear if we dare to hope, and if we hope it is only because fear makes us hope: the lake and the mountain are inseparable.

In *La novela de Don Sandalio* too, Unamuno makes use of dichotomies. The central one is based on the notion of a character that unfolds into two: *mi Don Sandalio* and *el otro Don Sandalio*. This suggests the paradox of personality, the notion that each individual is two persons: the one he is for himself and the one he is for others. But *mi don Sandalio* is also the existential I, the I that we create ourselves, the precious individual consciousness of ourselves that is threatened with extinction. *El otro Don Sandalio* is our public image, other people's awareness of us, an awareness that may continue after our death but which is not our own I. That is why the letter-writer is only truly interested in *mi Don Sandalio*, that is, in his own consciousness of himself, which is under threat. This central dichotomy is once again reinforced by many others. The dying, leafless oak-tree is inseparable from the green, luxurious ivy which clads its trunk; the ruined and abandoned cottage becomes home to nesting birds; the solitary woods exert their pull but so does the crowded Casino. The inseparability of life from death, of I as subject from I as object, of solitude from companionship, of despair from consolation, are the thrusting principles of Unamuno's novelistic art, and all suggest a paradoxical view of the human situation. These deliberate contrapositions around which Unamuno builds his fictional worlds reflect his belief that the human personality is a paradox, aware of itself as a distinct and thinking entity yet unable to answer the very questions which its thinking mind asks of itself. And beyond this, Unamuno's paradoxes reflect too the supreme paradox of an artist struggling to create meaningful worlds in a universe whose meaning is far from apparent. Unamuno's novels offer a challenge and a lesson: they challenge us to search for meaning, and they teach us that the meaning belongs not to the text or to the universe but to the reader or the contemplator of them; or as Unamuno put it to his reader, 'has de hacer tú mismo tu propia novela' (*OC*, X, 907).

A NOTE ON THE TEXT

There are no major problems with the texts of *San Manuel Bueno, mártir* and *La novela de Don Sandalio*. *San Manuel Bueno, mártir* was first published in 1931 in the collection 'La Novela de Hoy'. It appeared in the definitive book form, revised by Unamuno himself, in 1933, published by Espasa-Calpe together with *La novela de Don Sandalio* and two other novelettes in the volume entitled *San Manuel Bueno, mártir y tres historias más*. I have consulted this edition and also that of the *Obras Completas*, Vol. XVI, (Madrid, 1958). There are minor and obvious errors in both, particularly the former. I have also consulted the critical edition of *San Manuel Bueno, mártir* prepared by M. J. and M. E. Valdés (University of North Carolina, 1973), an edition which has a surprising number of minor errors, some of which persist in M. J. Valdés's subsequent annotated and otherwise excellent edition for Cátedra (Madrid, 1979). I have of course corrected all the errors and misprints which I could spot. I have followed Valdés's example in his critical edition in dividing the text of *San Manuel Bueno, mártir* into chapters instead of adopting the very short unnumbered sections of the first edition. It is a very small liberty to take, given that the original divisions were Unamuno's, and I think it does make for a more helpful text for students.

A SELECT BIBLIOGRAPHY

The critical literature on Unamuno is vast. The following is merely a selection of those works directly concerned with *San Manuel Bueno, mártir* or *La novela de Don Sandalio*. They are listed in order of first publication.

1. José Alberich, 'El obispo Blougram y San Manuel Bueno. Divergencias sobre un mismo tema', *Revista de Literatura*, 15, 29-30 (1959), 90-4 [Differences between Robert Browning's Bishop Blougram and Unamuno's Don Manuel].
2. Carlos Blanco Aguinaga, 'Sobre la complejidad de *San Manuel Bueno, mártir*, *Nueva Revista de Filología Hispánica*, 15 (1961), 569-88. Reproduced in *Miguel de Unamuno: El escritor y la crítica*, ed. A. Sánchez Barbudo (Madrid, 1974), 273-96 [Pioneering essay on the problematical aspects of the form and presentation of the story].
3. Sherman Eoff, *The Modern Spanish novel* (London, 1962), 197-212 [On the philosophical implications of Don Manuel's religious attitude].
4. Pelayo H. Fernández, 'Más sobre *San Manuel Bueno, mártir*', *Revista Hispánica Moderna*, 29 (1963), 252-62 [On the symbolism of the countryside].
5. César Aguilera, 'Fe religiosa y su problemática en *San Manuel Bueno, mártir*', *Boletín de la Biblioteca de Menéndez y Pelayo*, 40 (1964), 205-307 [A largely theological discussion on the nature of faith].
6. John V. Falconieri, '*San Manuel Bueno, mártir* − Spiritual autobiography: A study in imagery', *Symposium*, 18 (1964), 128-41 [On the religious significance of some of the novel's images and their relationship to Unamuno's personal religion].

7. Ricardo Gullón, 'Don Sandalio o el juego de los espejos', in *Auto-biografías de Unamuno* (Madrid, 1964), 312-30 [The letter-writer is seen as Unamuno himself and Don Sandalio as his 'other self'].

8. Ciríaco Morón Arroyo, '*San Manuel Bueno, mártir* y el sistema de Unamuno', *Hispanic Review*, 32 (1964), 227-46 [On the relationship between certain aspects of the novel and Unamuno's thought in general].

9. Pelayo H. Fernández, *El problema de la personalidad en Unamuno y en San Manuel Bueno* (Madrid, 1966), 123-33 [Brief studies of different aspects of the novel].

10. Hugo Rodríguez-Alcalá, 'El escenario de *San Manuel Bueno, mártir* como *incantatio* poética', in *Spanish Thought and Letters in the Twentieth Century*, ed. Bleiberg and Fox (Nashville, Tenn., 1966), 407-28 [On the poetic and spiritual role played by the scenery].

11. Carlos París, *Unamuno: Estructura de su mundo intelectual* (Barcelona, 1968), 256-68 [On *San Manuel Bueno, mártir* as a symbolic revelation of Unamuno's ethics and religious philosophy].

12. Norman D. Shergold, 'Unamuno's novelistic technique in *San Manuel Bueno, mártir*', in *Studies in Modern Spanish Literature and Art Presented to Helen F. Grant*, ed. Nigel Glendinning (London, 1972), 163-80 [A general survey, mostly on character, plus something on the use of imagery].

13. Reed Anderson, 'The narrative voice in Unamuno's *San Manuel Bueno, mártir*', *Hispanófila*, 50 (January 1974), 67-76 [A good essay on Ángela as narrator].

14. Demetrios Basdekis, *Unamuno and the Novel* (Estudios de Hispanófila, Madrid, 1974), 78-81 and 82-5 [Good descriptive summaries of both novels with due emphasis on formal qualities].

15. Rosendo Díaz-Peterson, 'Leyendo *San Manuel Bueno, mártir*: La montaña que se convierte en lago', *Cuadernos Hispanoamericanos*, 289-90 (July-August 1974), 383-91 [On the lake and the mountain as religious symbols].

16. David G. Turner, *Unamuno's Webs of Fatality* (London, 1974), 122-9 and 129-38 [Good general surveys of both novels with particular emphasis on imagery and symbolism].

17. Rosendo Díaz-Peterson, 'Los orígenes de *San Manuel Bueno, mártir*', *Cuadernos Hispanoamericanos*, 301 (July 1975), 179-95 [On the biblical sources and inspiration of Unamuno].

18. Carlos Feal Deibe, *Unamuno: El otro y Don Juan* (Madrid, 1976), 179-93 [On *San Manuel Bueno, mártir*; follows the standard auto-biographical approach].

19. Angel Fernández y González, 'Estructura autobiográfica en *San Manuel Bueno, mártir*', in *Unamuno y su espejo* (Valencia, 1976), 217-44 [Sees the novel as a disguised autobiography of Unamuno himself].

20. Frances Wyers, *Miguel de Unamuno: The Contrary Self* (London, 1976), 104-7 and 92-6 [Controversial but highly perceptive surveys of both novels].

21. Francisco Fernández-Turienzo, '*San Manuel Bueno, mártir*: un paisaje del alma', *Nueva Revista de Filología Hispánica*, 26 (1977), 113-30 [The novel as a spiritual document and the symbolic role of the scenery].

22. Donald L. Shaw, 'Concerning Unamuno's *La novela de Don Sandalio, jugador de ajedrez*', *Bulletin of Hispanic Studies*, 54 (1977), 115-23 [Fairly difficult but very interesting: chess game is seen as symbol of the search for spiritual authenticity].

23. Nigel Glendinning, 'The social dimension of *San Manuel Bueno, mártir*', *Vida Hispánica*, 26, 2 (1978), 21-4 [Sees tolerance and concern for others as a major aspect of the novel].

24. Sumner M. Greenfield, 'La iglesia terrestre de San Manuel Bueno', *Cuadernos Hispanoamericanos*, 348 (June 1979), 609-20 [Interesting essay on Don Manuel's 'Church' as a terrestrial equivalent and inversion of Divine Church].

25. Mario J. Valdés, Introduction to *Unamuno: San Manuel Bueno, mártir* (Cátedra, Madrid, 1979), 68-75 [Short, selective essay with some emphasis on Ángela as evangelist].

26. John Butt, *Miguel de Unamuno: San Manuel Bueno, mártir* (Critical Guides to Spanish Texts, London, 1981) [The best general survey of the novel: concentrates on pertinent fictional aspects].

SAN MANUEL BUENO, MÁRTIR

> *Si sólo en esta vida esperamos en*
> *Cristo, somos los más miserables de*
> *los hombres todos.*
>
> San Pablo: 1 Cor., XV, 19

Ahora que el obispo de la diócesis de Renada,[1] a la que pertenece esta mi querida aldea de Valverde de Lucerna, anda, a lo que se dice, promoviendo el proceso para la beatificación de nuestro don Manuel,[2] o, mejor, San Manuel Bueno, que fue en ésta párroco, quiero dejar aquí consignado, a modo de confesión y sólo Dios sabe, que no yo, con qué destino, todo lo que sé y recuerdo de aquel varón matriarcal que llenó la más entrañada vida de mi alma, que fue mi verdadero padre espiritual, el padre de mi espíritu, del mío, el de Ángela Carballino.

Al otro, a mi padre carnal y temporal, apenas si le conocí, pues se me murió siendo yo muy niña. Sé que había llegado de forastero a nuestra Valverde de Lucerna, que aquí arraigó al casarse con mi madre. Trajo consigo unos cuantos libros, el *Quijote*, obras de teatro clásico, algunas novelas, historias, el *Bertoldo*,[3] todo revuelto, y de esos libros, los únicos casi que había en toda la aldea, devoré yo ensueños siendo niña. Mi buena madre apenas si me contaba hechos o dichos de mi padre. Los de don Manuel, a quien, como todo el pueblo, adoraba, de quien estaba enamorada − claro que castísimamente −, le habían borrado el recuerdo de los de su marido.

[1] Endnote A.

[2] Endnote B.

[3] A comic novel by the sixteenth-century Italian writer Giulio Cesare della Croce which enjoyed popularity in eighteenth- and nineteenth-century Spain.

A quien encomendaba a Dios, y fervorosamente, cada día al rezar el rosario.

De nuestro don Manuel me acuerdo como si fuese de cosa de ayer, siendo yo niña, a mis diez años, antes de que me llevaran al colegio de religiosas de la ciudad catedralicia de Renada. Tendría él, nuestro santo, entonces unos treinta y siete años. Era alto, delgado, erguido, llevaba la cabeza como nuestra Peña del Buitre lleva su cresta, y había en sus ojos toda la hondura azul de nuestro lago. Se llevaba las miradas de todos, y tras ellas los corazones, y él, al mirarnos, parecía, traspasando la carne como un cristal, mirarnos al corazón. Todos le queríamos, pero sobre todo los niños. ¡Qué cosas nos decía! Eran cosas, no palabras. Empezaba el pueblo a olerle la santidad; se sentía lleno y embriagado de su aroma.

Entonces fue cuando mi hermano Lázaro, que estaba en América, de donde nos mandaba regularmente dinero, con que vivíamos con decorosa holgura, hizo que mi madre me mandase al colegio de religiosas a que se completara, fuera de la aldea, mi educación, y esto aunque a él, a Lázaro, no le hiciesen mucha gracia las monjas. 'Pero como ahí − nos escribía − no hay hasta ahora, que yo sepa, colegios laicos y progresivos, y menos para señoritas, hay que atenerse a lo que haya. Lo importante es que Angelita se pula y que no siga entre esas zafias aldeanas.' Y entré en el colegio pensando en un principio hacerme en él maestra; pero luego se me atragantó la pedagogía.

En el colegio conocí a niñas de la ciudad e intimé con algunas de ellas. Pero seguía atenta a las cosas y a las gentes de nuestra aldea, de la que recibía frecuentes noticias y tal vez alguna visita. Y hasta al colegio llegaba la fama de nuestro párroco, de quien empezaba a hablarse en la ciudad episcopal. Las monjas no hacían sino interrogarme respecto a él.

Desde muy niña alimenté, no sé bien cómo, curiosidades, preocupaciones e inquietudes, debidas, en parte al menos, a aquel revoltijo de libros de mi padre, y todo ello se me medró en el colegio, en el trato, sobre todo, con una compañera que se me aficionó desmedidamente, y que unas veces me proponía que entrásemos juntas a la vez en un mismo convento, jurándonos, y hasta firmando el juramento con nuestra sangre, hermandad perpetua, y otras veces me hablaba, con ojos semicerrados, de novios y de aventuras matrimoniales. Por cierto que no he vuelto a saber de ella ni de su suerte. Y eso que cuando se hablaba de nuestro don Manuel, o cuando mi madre me decía algo de él en sus cartas − y era en casi todas − , que yo leía a mi amiga, ésta exclamaba como en arrobo: '¡Qué suerte, chica, la de poder vivir cerca de un santo así, de un santo vivo, de carne y hueso, y poder besarle la mano! Cuando vuelvas a tu pueblo escríbeme mucho, y cuéntame de él.'[4]

2

Pasé en el colegio unos cinco años, que ahora se me pierden como un sueño de madrugada en la lejanía del recuerdo, y a los quince volví a mi Valverde de Lucerna. Ya toda ella era don Manuel; don Manuel con el lago y con la montaña. Llegué ansiosa de conocerle, de ponerme bajo su protección, de que él me marcara el sendero de mi vida.

Decíase que había entrado en el seminario para hacerse cura, con el fin de atender a los hijos de una su hermana recién viuda, de servirles de padre; que en el seminario se había distinguido por su agudeza mental y su talento, y que había rechazado ofertas de brillante carrera eclesiástica porque él

[4] Endnote C.

no quería ser sino de su Valverde de Lucerna, de su aldea perdida como un broche entre el lago y la montaña que se mira en él.

Y ¡cómo quería a los suyos! Su vida era arreglar matrimonios desavenidos, reducir a sus padres hijos indómitos o reducir los padres a sus hijos, y, sobre todo, consolar a los amargados y atediados y ayudar a todos a bien morir.

Me acuerdo, entre otras cosas, de que al volver de la ciudad la desgraciada hija de la tía Rabona, que se había perdido y volvió, soltera y desahuciada, trayendo un hijito consigo, don Manuel no paró hasta que hizo que se casase con ella su antiguo novio Perote y reconociese como suya a la criatura, diciéndole:

— Mira, da padre a este pobre crío, que no le tiene más que en el cielo.

— ¡Pero, don Manuel, si no es mía la culpa ...!

— ¡Quién lo sabe, hijo, quién lo sabe ...! Y, sobre todo, no se trata de culpa.

Y hoy el pobre Perote, inválido, paralítico, tiene como báculo y consuelo de su vida al hijo aquel que, contagiado de la santidad de don Manuel, reconoció por suyo no siéndolo.

En la noche de San Juan,[5] la más breve del año, solían y suelen acudir a nuestro lago todas las pobres mujerucas y no pocos hombrecillos que se creen poseídos, endemoniados, y que parece no son sino histéricos y a las veces epilépticos, y don Manuel emprendió la tarea de hacer él de lago, de piscina probática,[6] y tratar de aliviarlos y, si era posible, de

[5] Endnote D.

[6] The image of the healing pool is taken from the New Testament, St John v, 2-4.

curarlos. Y era tal la acción de su presencia, de sus miradas, y tal, sobre todo, la dulcísima autoridad de sus palabras y, sobre todo, de su voz − ¡qué milagro de voz! − , que consiguió curaciones sorprendentes. Con lo que creció su fama, que atraía a nuestro lago y a él a todos los enfermos del contorno. Y alguna vez llegó una madre pidiéndole que hiciese un milagro en su hijo, a lo que contestó sonriendo tristemente:

− No tengo licencia del señor obispo para hacer milagros.

Le preocupaba, sobre todo, que anduviesen todos limpios. Si alguno llevaba un roto en su vestidura, le decía: 'Anda a ver al sacristán y que te remiende eso.' El sacristán era sastre. Y cuando el día primero de año iban a felicitarle por ser el de su santo − su santo patrono era el mismo Jesús Nuestro Señor − , quería don Manuel que todos se le presentasen con camisa nueva, y al que no la tenía se la regalaba él mismo.

Por todos mostraba el mismo afecto, y si a algunos distinguía más con él era a los más desgraciados y a los que aparecían como más díscolos. Y como hubiera en el pueblo un pobre idiota de nacimiento, Blasillo el bobo, a éste es a quien más acariciaba, y hasta llegó a enseñarle cosas que parecía milagro que las hubiese podido aprender. Y es que el pequeño rescoldo de inteligencia que aún quedaba en el bobo se le encendía en imitar, como un pobre mono, a su don Manuel.

Su maravilla era la voz, una voz divina, que hacía llorar. Cuando, al oficiar en misa mayor o solemne, entonaba el prefacio, estremecíase la iglesia, y todos los que le oían sentíanse conmovidos en sus entrañas. Su canto, saliendo del templo, iba a quedarse dormido sobre el lago y al pie de la montaña. Y cuando en el sermón de Viernes Santo clamaba aquello de '¡Dios mío, Dios mío, ¿por qué me has abandoado?,[7] pasaba por el pueblo todo un temblor hondo como

[7] St Matthew xxvii, 46; St Mark xv, 34.

por sobre las aguas del lago en días de cierzo de hostigo. Y era como si oyesen a Nuestro Señor Jesucristo mismo, como si la voz brotara de aquel viejo crucifijo a cuyos pies tantas generaciones de madres habían depositado sus congojas. Como que una vez,[8] al oírlo su madre, la de don Manuel, no pudo contenerse, y desde el suelo del templo, en que se sentaba, gritó: '¡Hijo mío!' Y fue un chaparrón de lágrimas entre todos.[9] Creeríase que el grito maternal había brotado de la boca entreabierta de aquella Dolorosa − el corazón traspasado por siete espadas − que había en una de las capillas del templo. Luego, Blasillo el tonto iba repitiendo en tono patético por las callejas, y como en eco, el '¡Dios mío, Dios mío!, ¿por qué me has abandonado?', y de tal manera, que al oírselo se les saltaban a todos las lágrimas, con gran regocijo del bobo por su triunfo imitativo.

Su acción sobre las gentes era tal, que nadie se atrevía a mentir ante él, y todos, sin tener que ir al confesonario, se le confesaban. A tal punto que, como hubiese una vez ocurrido un repugnante crimen en una aldea próxima, el juez, un insensato que conocía mal a don Manuel, le llamó y le dijo:

− A ver si usted, don Manuel, consigue que este bandido declare la verdad.

− ¿Para que luego pueda castigársele? − replicó el santo varón −. No, señor juez, no; yo no saco a nadie una verdad que le lleve acaso a la muerte. Allá entre él y Dios ...[10] La justicia humana no me concierne. 'No juzguéis para no ser juzgados',[11] dijo Nuestro Señor.

− Pero es que yo, señor cura ...

---

[8] *So much so that on one occasion.*
[9] *And everyone wept profusely.*
[10] *That's a matter between him and God.*
[11] 'Judge not, that ye be not judged'; St Matthew vii, 1.

— Comprendido; dé usted, señor juez, al César lo que es del César, que yo daré a Dios lo que es de Dios.[12]

Y al salir, mirando fijamente al presunto reo, le dijo:

— Mira bien si Dios te ha perdonado, que es lo único que importa.

En el pueblo todos acudían a misa, aunque sólo fuese por oírle y verle en el altar, donde parecía transfigurarse, encendiéndosele el rostro. Había un santo ejercicio que introdujo en el culto popular, y es que, reuniendo en el templo a todo el pueblo, hombres y mujeres, viejos y niños, unas mil personas, recitábamos al unísono, en una sola voz, el Credo: 'Creo en Dios Padre Todopoderoso, Creador del Cielo y de la Tierra ...', y lo que sigue. Y no era un coro, sino una sola voz, una voz simple y unida, fundidas todas en una y haciendo como una montaña, cuya cumbre, perdida a las veces en nubes, era don Manuel. Y al llegar a lo de 'creo en la resurrección de la carne y la vida perdurable', la voz de don Manuel se zambullía, como en un lago, en la del pueblo todo, y era que él se callaba. Y yo oía las campanas de la villa que se dice aquí que está sumergida en el lecho del lago — campanadas que se dice también se oyen la noche de San Juan —, y eran las de la villa sumergida en el lago espiritual de nuestro pueblo; oía la voz de nuestros muertos que en nosotros resucitaban en la comunión de los santos. Después, al llegar a conocer el secreto de nuestro santo, he comprendido que era como si una caravana en marcha por el desierto, desfallecido el caudillo al acercarse al término de su carrera, le tomaran en hombros los suyos para meter su cuerpo sin vida en la tierra de promisión.[13]

---

[12] 'Render unto Caesar what is Caesar's ...'; St Mark xii, 17.
[13] Endnote E.

Los más no querían morirse sino cogidos de su mano como de un ancla.

Jamás en sus sermones se ponía a declamar contra impíos, masones, liberales o herejes. ¿Para qué, si no los había en la aldea? Ni menos contra la mala prensa. En cambio, uno de los más frecuentes temas de sus sermones era contra la mala lengua. Porque él lo disculpaba todo y a todos disculpaba. No quería creer en la mala intención de nadie.

— La envidia — gustaba repetir — la mantienen los que se empeñan en creerse envidiados, y las más de las persecuciones son efecto más de la manía persecutoria que no de la perseguidora.

— Pero fíjese, don Manuel, en lo que me han querido decir ... Y él:

— No debe importarnos tanto lo que uno quiera decir como lo que diga sin querer.

Su vida era activa, y no contemplativa, huyendo cuanto podía de no tener nada que hacer. Cuando oía eso de que la ociosidad es la madre de todos los vicios, contestaba: 'Y del peor de todos, que es el pensar ocioso.' Y como yo le preguntara una vez qué es lo que con eso quería decir, me contestó: 'Pensar ocioso es pensar para no hacer nada o pensar demasiado en lo que se ha hecho y no en lo que hay que hacer. A lo hecho pecho, y a otra cosa,[14] que no hay peor que remordimiento sin enmienda.' ¡Hacer!, ¡hacer! Bien comprendí yo ya desde entonces que don Manuel huía de pensar ocioso y a solas, que algún pensamiento le perseguía.

Así es que estaba siempre ocupado, y no pocas veces en inventar ocupaciones. Escribía muy poco para sí, de tal modo que apenas nos ha dejado escritos o notas; mas, en cambio,

---

[14] *What's done is done and move on.*

hacía de memorialista para los demás, y a las madres, sobre todo, les redactaba las cartas para sus hijos ausentes.

Trabajaba también manualmente, ayudando con sus brazos a ciertas labores del pueblo. En la temporada de trilla íbase a la era a trillar y aventar, y en tanto aleccionaba o distraía a los labradores, a quienes ayudaba en estas faenas. Sustituía a las veces a algún enfermo en su tarea. Un día del más crudo invierno se encontró con un niño, muertito de frío, a quien su padre le enviaba a recoger una res a larga distancia, en el monte.

– Mira – le dijo al niño – , vuélvete a casa a calentarte, y dile a tu padre que yo voy a hacer el encargo.

Y al volver con la res se encontró con el padre, todo confuso, que iba a su encuentro. En invierno partía leña para los pobres. Cuando se secó aquel magnífico nogal – 'un nogal matriarcal' le llamaba – , a cuya sombra había jugado de niño y con cuyas nueces se había durante tantos años regalado, pidió el tronco, se lo llevó a su casa y, después de labrar en él seis tablas, que guardaba al pie de su lecho, hizo del resto leña para calentar a los pobres. Solía hacer también las pelotas para que jugaran los mozos y no pocos juguetes para los niños.

Solía acompañar al médico en su visita, y recalcaba las prescripciones de éste. Se interesaba, sobre todo, en los embarazos y en la crianza de los niños. Y estimaba como una de las mayores blasfemias aquello de '¡teta y gloria!' y lo otro de 'angelitos al cielo'.[15] Le conmovía profundamente la muerte de los niños.

[15] *'From the mother's breast straight to heaven'* and *'little angels go straight to heaven'* are phrases which emphasize the innocence of children and the belief that by an early death they avoid the possibility of hell.

— Un niño que nace muerto o que se muere recién nacido y un suicidio — me dijo una vez — son para mí de los más terribles misterios: ¡un niño en cruz!

Y como una vez, por haberse quitado uno la vida, le preguntara el padre del suicida, un forastero, si le daría tierra sagrada, le contestó:

— Seguramente, pues en el último momento, en el segundo de la agonía, se arrepintió sin duda alguna.

Iba también a menudo a la escuela a ayudar al maestro, a enseñar con él, y no sólo el catecismo. Y es que huía de la ociosidad y de la soledad. De tal modo que por estar con el pueblo, y sobre todo con el mocerío y la chiquillería, solía ir al baile. Y más de una vez se puso en él a tocar el tamboril para que los mozos y las mozas bailasen, y esto, que en otro hubiera parecido grotesca profanación del sacerdocio, en él tomaba un sagrado carácter y como de rito religioso. Sonaba el *Angelus*,[16] dejaba el tamboril y el palillo, se descubría, y todos con él, y rezaba: 'El ángel del Señor anunció a María: Ave María ...' Y luego:

— Y ahora a descansar para mañana.

— Lo primero — decía — es que el pueblo esté contento, que estén todos contentos de vivir. El contentamiento de vivir es lo primero de todo. Nadie debe querer morirse hasta que Dios quiera.

— Pues yo sí — le dijo una vez una recién viuda —; yo quiero seguir a mi marido.

— ¿Y para qué? — le respondió —. Quédate aquí para encomendar su alma a Dios.

---

[16] The prayer usually said when the church bells strike the hour for six a.m., twelve noon or six p.m. and which celebrates the Virgin Mary's miraculous conception.

En una boda dijo una vez: '¡Ay, si pudiese cambiar el agua toda de nuestro lago en vino,[17] en un vinillo que, por mucho que de él se bebiera, alegrara siempre, sin emborrachar nunca ..., o por lo menos con una borrachera alegre!'

Una vez pasó por el pueblo una banda de pobres titiriteros. El jefe de ella, que llegó con la mujer gravemente enferma y embarazada, y con tres hijos que le ayudaban, hacía de payaso. Mientras él estaba en la plaza del pueblo, haciendo reír a los niños y aun a los grandes, ella, sintiéndose de pronto gravemente indispuesta, se tuvo que retirar, y se retiró escoltada por una mirada de congoja del payaso y una risotada de los niños. Y escoltada por don Manuel, que luego, en un rincón de la cuadra de la posada, le ayudó a bien morir. Y cuando acabada la fiesta, supo el pueblo y supo el payaso la tragedia, fuéronse todos a la posada, y el pobre hombre, diciendo con llanto en la voz: 'Bien se dice, señor cura, que es usted todo un santo', se acercó a éste, queriendo tomarle la mano para besársela; pero don Manuel se adelantó y, tomándosela al payaso, pronunció ante todos:

— El santo eres tú, honrado payaso; te vi trabajar, y comprendí que no sólo lo haces para dar pan a tus hijos, sino también para dar alegría a los otros, y yo te digo que tu mujer, la madre de tus hijos, a quien he despedido a Dios mientras trabajabas y alegrabas, descansa en el Señor, y que tú irás a juntarte con ella y a que te paguen riendo los ángeles, a los que haces reír en el cielo de contento.

Y todos, niños y grandes, lloraban y lloraban tanto de pena como de un misterioso contento en que la pena se ahogaba. Y más tarde, recordando aquel solemne rato, he comprendido que la alegría imperturbable de don Manuel era la forma temporal y terrena de una infinita y eterna tristeza que con

[17] St John ii, 1-10.

heroica santidad recataba a los ojos y a los oídos de los demás.

Con aquella su constante actividad, con aquel mezclarse en las tareas y en las diversiones de todos, parecía querer huir de sí mismo, querer huir de su soledad. 'Le temo a la soledad', repetía. Mas, aun así, de cuando en cuando se iba solo, orilla del lago, a las ruinas de aquella vieja abadía donde aún parecen reposar las almas de los piadosas cistercienses a quienes ha sepultado en el olvido la Historia. Allí está la celda del llamado Padre Capitán, y en sus paredes se dice que aún quedan señales de las gotas de sangre con que las salpicó al mortificarse. ¿Qué pensaría allí nuestro don Manuel? Lo que sí recuerdo es que como una vez, hablando de la abadía, le preguntase yo cómo era que no se le había ocurrido ir al claustro, me contestó:

— No es, sobre todo, porque tenga, como tengo, mi hermana viuda y mis sobrinos a quienes sostener, que Dios ayuda a los pobres, sino porque yo no nací para ermitaño, para anacoreta; la soledad me mataría el alma, y en cuanto a un monasterio, mi monasterio es Valverde de Lucerna. Yo no debo vivir solo; yo no debo morir solo. Debo vivir para mi pueblo, morir para mi pueblo. ¿Cómo voy a salvar mi alma si no salvo la de mi pueblo?

— Pero es que ha habido santos ermitaños solitarios … — le dije.

— Sí, a ellos les dio el Señor la gracia de soledad que a mí me ha negado, y tengo que resignarme. Yo no puedo perder a mi pueblo para ganarme el alma. Así me ha hecho Dios. Yo no podría soportar las tentaciones del desierto.[18] Yo no podría llevar solo la cruz del nacimiento.

---

[18] St Luke iv, 1-12.

3

He querido con estos recuerdos, de los que vive mi fe, retratar a nuestro don Manuel tal como era cuando yo, mocita de cerca de dieciséis años, volví del colegio de religiosas de Renada a nuestro monasterio de Valverde de Lucerna. Y volví a ponerme a los pies de su abad.

— ¡Hola, la hija de la Simona — me dijo en cuanto me vio —, y hecha ya toda una moza y sabiendo francés, y bordar y tocar el piano, y qué sé yo qué más! Ahora, a prepararte para darnos otra familia. Y tu hermano Lázaro, ¿cuándo vuelve? Sigue en el Nuevo Mundo, ¿no es así?

— Sí, señor; sigue en América ...

— ¡El Nuevo Mundo! Y nosotros en el Viejo. Pues bueno: cuando le escribas, dile de mi parte, de parte del cura, que estoy deseando saber cuándo vuelve del Nuevo Mundo a este Viejo trayéndome las novedades de por allá. Y dile que encontrará el lago y la montaña como los dejó.

Cuando mi fui a confesar con él, mi turbación era tanta, que no acertaba a articular palabra.[19] Recé el 'yo pecador',[20] balbuciendo, casi sollozando. Y él, que lo observó, me dijo:

— Pero ¿qué te pasa, corderilla? ¿De qué o quién tienes miedo? Porque tú no tiemblas ahora al peso de tus pecados ni por temor de Dios, no; tú tiemblas de mí, ¿no es eso?

Me eché a llorar.

— Pero ¿qué es lo que te han dicho de mí? ¿Qué leyendas son ésas? ¿Acaso tu madre? Vamos, vamos, cálmate y haz cuenta que estás hablando con tu hermano ...

Me animé y empecé a confiarle mis inquietudes, mis dudas, mis tristezas.

---

[19] *I could not manage to utter a word.*
[20] The 'I confess', a standard prayer in the Catholic Church.

– ¡Bah, bah, bah! ¿Y dónde has leído eso, marisabidilla? Todo eso es literatura. Ne te des demasiado a ella, ni siquiera a Santa Teresa.[21] Y si quieres distraerte, lee el *Bertoldo*, que leía tu padre.

Salí de aquella mi primera confesión con el santo hombre profundamente consolada. Y aquel mi temor primero, aquel más que respeto miedo con que me acerqué a él, trocóse en una lástima profunda. Era yo entonces una mocita, una niña casi; pero empezaba a ser mujer, sentía en mis entrañas el jugo de la maternidad, y al encontrarme en el confesonario junto al santo varón, sentí como una callada confesión suya en el susurro sumiso de su voz, y recordé cómo, cuando al clamar él en la iglesia las palabras de Jesucristo: '¡Dios mío, Dios mío! ¿por qué me has abandonado?', su madre, la de don Manuel, respondió desde el suelo: '¡Hijo mío!', y oí este grito, que desgarraba la quietud del templo. Y volví a confesarme con él para consolarle.

Una vez que en el confesonario le expuse una de aquellas dudas, me contestó:

– A eso, ya sabes, lo del Catecismo: 'Eso no me lo preguntéis a mí, que soy ignorante; doctores[22] tiene la Santa Madre Iglesia que os sabrán responder.'

– Pero ¡si el doctor aquí es usted, don Manuel! ...

– ¿Yo, yo doctor? ¿Doctor yo? ¡Ni por pienso![23] Yo, doctorcilla, no soy más que un pobre cura de aldea. Y esas preguntas, ¿sabes quién te las insinúa, quién te las dirige? Pues ... ¡el Demonio!

Y entonces, envalentonándome, le espeté a boca de jarro:

– ¿Y si se las dirigiese a usted, don Manuel?

[21] Spanish mystic of the sixteenth century.
[22] Learned men, i.e. doctors in theology.
[23] *Not a bit!*

– ¿A quién? ¿A mí? ¿Y el Demonio? No nos conocemos, hija, no nos conocemos.

– ¿Y si se las dirigiera?

– No le haría caso. Y basta, ¿eh?, despachemos,[24] que me están esperando unos enfermos de verdad.

Me retiré, pensando, no sé por qué, que nuestro don Manuel, tan afamado curandero de endemoniados, no creía en el Demonio. Y al irme hacia mi casa topé con Blasillo el bobo, que acaso rondaba el templo, y que al verme, para agasajarme con sus habilidades, repitió – ¡y de qué modo! – lo de '¡Dios mío, Dios mío!, ¿por qué me has abandonado?' Llegué a casa acongojadísima y me encerré en mi cuarto para llorar, hasta que llegó mi madre.

– Me parece, Angelita, con tantas confesiones, que tú te me vas a ir monja.

– No lo tema, madre – le contesté –, pues tengo harto que hacer aquí, en el pueblo, que es mi convento.

– Hasta que te cases.

– No pienso en ello – le repliqué.

Y otra vez que me encontré con don Manuel, le pregunté, mirándole derechamente a los ojos:

– ¿Es que hay Infierno, don Manuel?

Y él, sin inmutarse:

– ¿Para ti, hija? No.

– ¿Y para los otros, le hay?

– ¿Y a ti qué te importa, si no has de ir a él?

– Me importa por los otros. ¿Le hay?

– Cree en el cielo, en el cielo que vemos. Míralo.

Y me lo mostraba sobre la montaña y abajo, reflejado en el lago.

---

[24] *Let's be done with this.*

– Pero hay que creer en el Infierno como en el Cielo – le repliqué.

– Sí, hay que creer todo lo que enseña a creer la Santa Madre Iglesia Católica, Apostólica, Romana. ¡Y basta!

Leí no sé qué honda tristeza en sus ojos, azules como las aguas del lago.

Aquellos años pasaron como un sueño. La imagen de don Manuel iba creciendo en mí sin que yo de ello me diese cuenta, pues era un varón tan cotidiano, tan de cada día como el pan que a diario pedimos en el padrenuestro.[25] Yo le ayudaba cuanto podía en sus menesteres, visitaba a sus enfermos, a nuestros enfermos, a las niñas de la escuela, arreglaba el ropero de la iglesia y le hacía, como me llamaba él, de diaconisa. Fui unos días, invitada por una compañera de colegio, a la ciudad, y tuve que volverme, pues en la ciudad me ahogaba, me faltaba algo, sentía sed de la vista de las aguas del lago, hambre de la vista de las peñas de la montaña; sentía, sobre todo, la falta de mi don Manuel y como si su ausencia[26] me llamara, como si corriese un peligro lejos de mí, como si me necesitara. Empezaba yo a sentir una especie de afecto maternal hacia mi padre espiritual; quería aliviarle del peso de su cruz del nacimiento.

4

Así fui llegando a mis veinticuatro años, que es cuando volvió de América, con un caudalillo ahorrado, mi hermano Lázaro.

---

[25] A reference to the phrase 'give us this day our daily bread' from the Lord's Prayer.

[26] *His absence* rather than *my absence* because Ángela feels that it is Don Manuel who is absent, i.e. *she* misses *him*.

Llegó acá, a Valverde de Lucerna, con el propósito de llevarnos a mí y a nuestra madre a vivir a la ciudad, acaso a Madrid.

— En la aldea — decía — se entontece, se embrutece y se empobrece uno.

Y añadía:

— Civilización es lo contrario de ruralización. ¡Aldeanerías, no!, que no hice que fueras al colegio para que te pudras luego aquí, entre estos zafios patanes.

Yo callaba, aun dispuesta a resistir la emigración; pero nuestra madre, que pasaba ya de la sesentena, se opuso desde un principio: '¡A mi edad, cambiar de aguas!',[27] dijo primero; mas luego dio a conocer claramente que ella no podía vivir fuera de la vista de su lago, de su montaña y, sobre todo, de su don Manuel.

— ¡Sois como las gatas, que os apegáis a la casa! — repetía mi hermano.

Cuando se percató de todo el imperio que sobre el pueblo todo y en especial sobre nosotras, sobre mi madre y sobre mí, ejercía el santo varón angélico, se irritó contra éste. Le pareció un ejemplo de la oscura teocracia en que él suponía hundida a España. Y empezó a barbotar sin descanso todos los viejos lugares comunes anticlericales y hasta antirreligiosos y progresistas que había traído renovados del Nuevo Mundo.

En esta España de calzonazos — decía —, los curas manejan a las mujeres y las mujeres a los hombres ..., ¡y luego el campo, el campo!, este campo feudal ...

Para él, 'feudal' era un término pavoroso; 'feudal' y 'medieval' eran los dos calificativos que prodigaba cuando quería condenar algo. Le desconcertaba el ningún efecto que sobre nosotras hacían sus diatribas y el casi ningún efecto que

---

[27] 'At my age a change of scenery!'

hacían en el pueblo, donde se le oía con respetuosa indiferencia. 'A estos patanes no hay quien los conmueva.' Pero como era bueno, por ser inteligente, pronto se dio cuenta de la clase de imperio que don Manuel ejercía sobre el pueblo, pronto se enteró de la obra del cura de su aldea.

— ¡No, no es como los otros — decía —, es un santo!

— Pero ¿tú sabes cómo son los otros curas? — le decía yo; y él:

— Me lo figuro.

Mas aun así ni entraba en la iglesia ni dejaba de hacer alarde en todas partes de su incredulidad, aunque procurando siempre dejar a salvo a don Manuel. Y ya en el pueblo se fue formando, no sé cómo, una expectativa, la de una especie de duelo entre mi hermano Lázaro y don Manuel, o más bien se esperaba la conversión de aquél por éste. Nadie dudaba de que al cabo el párroco le llevaría a su parroquia. Lázaro, por su parte, ardía en deseos — me lo dijo luego — de ir a oír a don Manuel, de verle y oírle en la iglesia, de acercarse a él y con él conversar, de conocer el secreto de aquel su imperio espiritual sobre las almas. Y se hacía de rogar para ello, hasta que, al fin, por curiosidad — decía —, fue a oírle.

— Sí, esto es otra cosa — me dijo luego de haberle oído —; no es como los otros, pero a mí no me la da;[28] es demasiado inteligente para creer todo lo que tiene que enseñar.

— Pero ¿es que le crees un hipócrita? — le dije.

— Hipócrita ..., no; pero es el oficio, del que tiene que vivir.[29]

En cuanto a mí, mi hermano se empeñaba en que yo leyese de libros que él trajo y de otros que me incitaba a comprar.

— ¿Conque tu hermano Lázaro — me decía don Manuel

[28] *He doesn't fool me.*
[29] *It's his job, from which he has to earn a living.*

– se empeña en que leas? Pues lee, hija mía, lee y dale así gusto. Sé que no has de leer sino cosa buena; lee aunque sean novelas. No son mejores las historias que llaman verdaderas. Vale más que leas que no el que te alimentes de chismes y comadrerías del pueblo. Pero lee, sobre todo, libros de piedad que te den contento de vivir, un contento apacible y silencioso.

   ¿Le tenía él?

Por entonces enfermó de muerte y se nos murió nuestra madre, y en sus últimos días todo su hipo era que don Manuel convirtiese a Lázaro, a quien esperaba volver a ver un día en el cielo, en un rincón de las estrellas desde donde se viese el lago y la montaña de Valverde de Lucerna. Ella se iba ya a ver a Dios.

   – Usted no se va – le decía don Manuel – , usted se queda. Su cuerpo aquí, en esta tierra, y su alma también aquí, en esta casa, viendo y oyendo a sus hijos, aunque éstos ni la vean ni la oigan.

   – Pero yo, padre – dijo – , voy a ver a Dios.

   – Dios, hija mía, está aquí como en todas partes, y le verá usted desde aquí. Y a todos nosotros en Él, y a Él en nosotros.

   – Dios se lo pague – le dije.

   – El contento con que tu madre se muere – me dijo – será su eterna vida.

   Y volviéndose a mi hermano Lázaro:

   – Su cielo es seguir viéndote, y ahora es cuando hay que salvarla. Dile que rezarás por ella.

   – Pero …

   – ¿Pero …? Dile que rezarás por ella, a quien debes la vida, y sé que una vez que se lo prometas rezarás, y sé que luego que reces …

   Mi hermano, acercándose, arrasados sus ojos en lágrimas, a nuestra madre agonizante, le prometió solemnemente rezar por ella.

– Y yo en el cielo por ti, por vosotros – respondió mi madre, besando el crucifijo, y puestos sus ojos en los de don Manuel, entregó su alma a Dios.

– '¡En tus manos encomiendo mi espíritu!'[30] – rezó el santo varón.

Quedamos mi hermano y yo solos en la casa. Lo que pasó en la muerte de nuestra madre puso a Lázaro en relación con don Manuel, que pareció descuidar algo a sus demás pacientes. Íbanse por las tardes de paseo, orilla del lago, o hacia las ruinas, vestidas de hiedra, de la vieja abadía de cistercienses.

– Es un hombre maravilloso – me decía Lázaro – . Ya sabes que dicen que en el fondo de este lago hay una villa sumergida y que en la noche de San Juan, a las doce, se oyen las campanadas de su iglesia.

– Sí – le contestaba yo – , una villa feudal y medieval ...

– Y creo – añadía – que en el fondo del alma de nuestro don Manuel hay también sumergida, ahogada, una villa y que alguna vez se oyen sus campandas.

– Sí – le dije, esa villa sumergida en el alma de don Manuel, ¿y por qué no también en la tuya?, es el cementerio de las almas de nuestros abuelos, los de esta nuestra Valverde de Lucerna ... ¡feudal y medieval!

Acabó mi hermano por ir a misa siempre, a oír a don Manuel, y cuando se dijo que cumpliría con la parroquia, que comulgaría cuando los demás comulgasen, recorrió un íntimo regocijo al pueblo todo, que creyó haberle recobrado. Pero fue un regocijo tal, tan limpio, que Lázaro no se sintió vencido ni disminuido.

Y llegó el día de su comunión, ante el pueblo todo, con el pueblo todo. Cuando llegó la vez a mi hermano pude ver

---

[30] St Luke xxiii, 46.

que don Manuel, tan blanco como la nieve de enero en la montaña, y temblando como tiembla el lago cuando le hostiga el cierzo, se le acercó con la sagrada forma en la mano, y de tal modo le temblaba ésta al arrimarla a la boca de Lázaro, que se le cayó la forma a tiempo que le daba un vahído. Y fue mi hermano mismo quien recogió la hostia y se la llevó a la boca. Y el pueblo, al ver llorar a don Manuel, lloró, diciéndose: '¡Cómo le quiere!'[31] Y entonces, pues era la madrugada, cantó un gallo.[32]

Al volver a casa y encerrarme en ella con mi hermano, le eché los brazos al cuello y besándole le dije:

— ¡Ay, Lázaro, Lázaro!, ¡qué alegría nos has dado a todos, a todos, a todo el pueblo, a todos, a los vivos y a los muertos, y sobre todo a mamá, a nuestra madre! ¿Viste? El pobre don Manuel lloraba de alegría. ¡Qué alegría nos has dado a todos!

— Por eso lo he hecho — me contestó.

— ¿Por eso? ¿Por darnos alegría? Lo habrás hecho ante todo por ti mismo, por conversión.

Y entonces Lázaro, mi hermano, tan pálido y tan tembloroso como don Manuel cuando le dio la comunión, me hizo sentarme, en el sillón mismo donde solía sentarse nuestra madre, tomó huelgo, y luego, como en íntima confesión doméstica y familiar, me dijo:

— Mira, Angelita, ha llegado la hora de decirte la verdad, toda la verdad, y te la voy a decir, porque debo decírtela, porque a ti no puedo, no debo callártela y porque además habrías de adivinarla, y a medias, que es lo peor, más tarde o más temprano.[33]

---

[31] St John xi, 36. Jesus had wept at the death of Lazarus.

[32] St Matthew xxvi, 74; St Luke xxii, 60. (See Endnote F.)

[33] *because sooner or later you were bound to guess it, or what is worse, half guess it.*

Y entonces, serena y tranquilamente, a media voz, me contó una historia que me sumergió en un lago de tristeza. Cómo don Manuel le había venido trabajando, sobre todo en aquellos paseos a las ruinas de la vieja abadía cisterciense, para que no escandalizase, para que diese buen ejemplo, para que se incorporase a la vida religiosa del pueblo, para que fingiese creer si no creía, para que ocultase sus ideas al respecto, mas sin intentar siquiera catequizarle, convertirle de otra manera.

— Pero ¿es posible? — exclamé, consternada.

— ¡Y tan posible, hermana, y tan posible! Y cuando yo le decía: 'Pero ¿es usted, usted, el sacerdote, el que me aconseja que finja?', él, balbuciente: '¿Fingir? ¡Fingir, no!, ¡eso no es fingir! Toma agua bendita, que dijo alguien, y acabarás creyendo.'[34] Y como yo, mirándole a los ojos, le dijese: '¿Y usted celebrando misa ha acabado por creer?', él bajó la mirada y se le llenaron los ojos de lágrimas. Y así es como le arranqué su secreto.

— ¡Lázaro! — gemí.

Y en aquel momento pasó por la calle Blasillo el bobo, clamando su '¡Dios mío, Dios mío!, ¿por qué me has abandonado?' Y Lázaro se estremeció creyendo oír la voz de don Manuel, acaso la de Nuestro Señor Jesucristo.

— Entonces — prosiguió mi hermano — comprendí sus móviles y con esto comprendí su santidad; porque es un santo, hermana, todo un santo. No trataba, al emprender ganarme para su santa causa — porque es una causa santa, santísima —, arrogarse un triunfo, sino que lo hacía por la paz, por la felicidad, por la ilusión si quieres, de los que le están encomendados; comprendí que si los engaña así — si

---

[34] *As someone said, dip your finger in holy water and you'll end up a believer.*

es que esto es engaño − no es por medrar. Me rendí a sus razones, y he aquí mi conversión. Y no me olvidaré jamás del día en que diciéndole yo: 'Pero, don Manuel, la verdad, la verdad ante todo', él temblando, me susurró al oído − y eso que estábamos solos en medio del campo −: '¿La verdad? La verdad, Lázaro, es acaso algo terrible, algo intolerable, algo mortal; la gente sencilla no podría vivir con ella.' 'Y ¿por qué me la deja entrever ahora aquí, como confesión?', le dije. Y él: 'Porque si no, me atormentaría tanto, tanto, que acabaría gritándola en medio de la plaza, y eso jamás, jamás, jamás. Yo estoy para hacer vivir a las almas de mis feligreses, para hacerlos felices, para hacerles que se sueñen inmortales y no para matarlos. Lo que aquí hace falta es que vivan sanamente, que vivan en unanimidad de sentido, y con la verdad, con mi verdad, no vivirían. Que vivan. Y esto hace la Iglesia, hacerlos vivir. ¿Religión verdadera? Todas las religiones son verdaderas en cuanto hacen vivir espiritualmente a los pueblos que las profesan, en cuanto les consuelan de haber tenido que nacer para morir, y para cada pueblo la religión más verdadera es la suya, la que le ha hecho. ¿Y la mía? La mía es consolarme en consolar a los demás, aunque el consuelo que les doy no sea el mío.' Jamás olvidaré estas palabras.

− ¡Pero esa comunión tuya ha sido un sacrilegio! − me atreví a insinuar, arrepintiéndome al punto de haberlo insinuado.

− ¿Sacrilegio? ¿Y él, que me la dio? ¿Y sus misas?

− ¡Qué martirio! − exclamé.

− Y ahora − añadió mi hermano − hay otro más para consolar al pueblo.

− ¿Para engañarle? − dije.

− Para engañarle, no − me replicó −, sino para corroborarle en su fe.

− Y el pueblo − dije −, ¿cree de veras?

– ¡Qué sé yo …! Cree sin querer, por hábito, por tradición. Y lo que hace falta es no despertarle. Y que viva en su pobreza de sentimientos para que no adquiera torturas de lujo. ¡Bienaventurados los pobres de espíritu![35]

– Eso, hermano, lo has aprendido de don Manuel. Y ahora, dime, ¿has cumplido aquello que le prometiste a nuestra madre cuando ella se nos iba a morir, aquello de que rezarías por ella?

– ¡Pues no se lo había de cumplir![36] Pero ¿por quién me has tomado, hermana? ¿Me crees capaz de faltar a mi palabra, a una promesa solemne, y a una promesa hecha, y en el lecho de muerte, a una madre?

– ¡Qué sé yo …! Pudiste querer engañarla para que muriese consolada.

– Es que si yo no hubiese cumplido la promesa viviría sin consuelo.

– ¿Entonces?

– Cumplí la promesa y no he dejado de rezar ni un solo día por ella.

– ¿Sólo por ella?

– Pues ¿por quién más?

– ¡Por ti mismo! Y de ahora en adelante, por don Manuel.

Nos separamos para irnos cada uno a su cuarto, yo a llorar toda la noche, a pedir por la conversión de mi hermano y de don Manuel, y él, Lázaro, no sé bien a qué.

---

[35] 'Blessed are the poor in spirit'; St Matthew v, 3.
[36] *How could I fail to fulfil it?*

5

Después de aquel día temblaba yo de encontrarme a solas con don Manuel, a quien seguía asistiendo en sus piadosos menesteres. Y él pareció percatarse de mi estado íntimo y adivinar su causa. Y cuando al fin me acerqué a él en el tribunal de la penitencia[37] – ¿quién era el juez y quién el reo? –, los dos, él y yo, doblamos en silencio la cabeza y nos pusimos a llorar. Y fue él, don Manuel, quien rompió el tremendo silencio para decirme con voz que parecía salir de una huesa:

– Pero tú, Angelina, tú crees como a los diez años, ¿no es así? ¿Tú crees?

– Sí creo, padre.

– Pues sigue creyendo. Y si se te ocurren dudas, cállatelas a ti misma. Hay que vivir ...

Me atreví, y toda temblorosa le dije:

– Pero usted, padre, ¿cree usted?

Vaciló un momento y, reponiéndose, me dijo:

– ¡Creo!

– Pero ¿en qué, padre, en qué? ¿Cree usted en la otra vida?, ¿cree que al morir no nos morimos del todo?, ¿cree que volveremos a vernos, a querernos en otro mundo venidero?, ¿cree en la otra vida?

El pobre santo sollozaba.

– ¡Mira, hija, dejemos eso!

Y ahora, al escribir esta memoria, me digo: ¿Por qué no me engañó? ¿Por qué no me engañó entonces como engañaba a los demás? ¿Por qué se acongojó? ¿Porque no podía engañarse a sí mismo, o porque no podía engañarme? Y quiero creer que se acongojaba porque no podía engañarse para engañarme.

[37] *court of penance*, i.e. the confessional.

– Y ahora – añadió –, reza por mí, por tu hermano, por ti misma, por todos. Hay que vivir. Y hay que dar vida.

Y después de una pausa:

– Y ¿por qué no te casas, Angelina?

– Ya sabe usted, padre mío, por qué.

– Pero no, no; tienes que casarte. Entre Lázaro y yo te buscaremos un novio. Porque a ti te conviene casarte para que se te curen esas preocupaciones.

– ¿Preocupaciones, don Manuel?

– Yo sé bien lo que me digo. Y no te acongojes demasiado por los demás, que harto tiene cada cual con tener que responder de sí mismo.[38]

– ¡Y que sea usted, don Manuel, el que me diga eso! ¡Que sea usted el que me aconseje que me case para responder de mí y no acuitarme por los demás! ¡Que sea usted!

– Tienes razón, Angelina, no sé ya lo que me digo; no sé ya lo que me digo desde que estoy confesándome contigo. Y sí, sí, hay que vivir, hay que vivir.

Y cuando yo iba a levantarme para salir del templo, me dijo:

– Y ahora, Angelina, en nombre del pueblo, ¿me absuelves?

Me sentí como penetrada de un misterioso sacerdocio y le dije:

– En nombre de Dios Padre, Hijo y Espíritu Santo, le absuelvo, padre.

Y salimos de la iglesia, y al salir se me estremecían las entrañas maternales.[39]

---

[38] *And don't be too anxious for others, for each one has enough to do in having to answer for himself.*

[39] Endnote G.

6

Mi hermano, puesto ya del todo al servicio de la obra de don Manuel, era su más asiduo colaborador y compañero. Los anudaba, además, el común secreto. Le acompañaba en sus visitas a los enfermos, a las escuelas, y ponía su dinero a disposición del santo varón. Y poco faltó para que no aprendiera a ayudarle a misa. E iba entrando cada vez más en el alma insondable de don Manuel.

— ¡Qué hombre! — me decía —. Mira, ayer, paseando a orillas del lago, me dijo: 'He aquí mí tentación mayor.' Y como yo le interrogase con la mirada, añadió: 'Mi pobre padre, que murió de cerca de noventa años, se pasó la vida, según me lo confesó él mismo, torturado por la tentación del suicidio, que le venía no recordaba desde cuándo, *de nación*,[40] decía, y defendiéndose de ella. Y esa defensa fue su vida. Para no sucumbir a tal tentación extremaba los cuidados por conservar la vida. Me contó escenas terribles. Me parecía como una locura. Y yo la he heredado. ¡Y cómo me llama esa agua con su aparente quietud — la corriente va por dentro — espeja al cielo! ¡Mi vida, Lázaro, es una especie de suicidio continuo, un combate contra el suicidio, que es igual; pero que vivan ellos, que vivan los nuestros!' Y luego añadió: 'Aquí se remansa el río en lago, para luego, bajando a la meseta, precipitarse en cascadas, saltos y torrenteras, por hoces y encañadas, junto a la ciudad, y así remansa la vida, aquí en la aldea. Pero la tentación del suicidio es mayor aquí, junto al remanso que espeja la noche de estrellas, que no junto a las cascadas que dan miedo. Mira Lázaro, he

[40] *from his caste* or *from his ancestors*. The phrase used to be applied in Spain to the descendants of Jews, but it is doubtful if Unamuno intended this association.

asistido a bien morir a pobres aldeanos, ignorantes, analfabetos que apenas si habían salido de la aldea, y he podido saber de sus labios, y cuando no adivinarlo, la verdadera causa de su enfermedad de muerte, y he podido mirar, allí, a la cabecera de su lecho de muerte, toda la negrura de la sima del tedio de vivir. ¡Mil veces peor que el hambre! Sigamos, pues, Lázaro, suicidándonos en nuestra obra y en nuestro pueblo, y que sueñe éste vida como el lago sueña el cielo.'

– Otra vez – me decía también mi hermano – , cuando volvíamos acá, vimos a una zagala, una cabrera, que enhiesta sobre un picacho de la falda de la montaña, a la vista del lago, estaba cantando con una voz más fresca que las aguas de éste. Don Manuel me detuvo, y señalándomela, dijo: 'Mira, parece como si se hubiera acabado el tiempo, como si esa zagala hubiese estado ahí siempre, y como está, y cantando como está, y como si hubiera de seguir estando así siempre, como estuvo cuando empezó[41] mi conciencia, como estará cuando se me acabe. Esa zagala forma parte, con las rocas, las nubes, los árboles, las aguas, de la Naturaleza y no de la Historia.' ¡Cómo siente, cómo anima don Manuel a la Naturaleza! Nunca olvidaré el día de la nevada, en que me dijo: '¿Has visto, Lázaro, misterio mayor que el de la nieve cayendo en el lago y muriendo en él mientras cubre con su toca a la montaña?'

Don Manuel tenía que contener a mi hermano en su celo y en su inexperiencia de neófito. Y como supiese que éste andaba predicando contra ciertas supersticiones populares, hubo de decirle:

---

[41] Both the first and the *OC* editions read 'cuando no empezó'. Valdés deletes the negative, which makes better sense, although a negative is not inconceivable.

– ¡Déjalos! ¡Es tan difícil hacerles comprender dónde acaba la creençia ortodoxa y dónde empieza la superstición! Y más para nosotros. Déjalos, pues, mientras se consuelen. Vale más que lo crean todo, aun cosas contradictorias entre sí, a no que no crean nada. Eso de que el que cree demasiado acaba por no creer nada, es cosa de protestantes. No protestemos. La protesta mata el contento.

Una noche de plenilunio – me contaba también mi hermano – volvían a la aldea por la orilla del lago, a cuya sobrehaz rizaba entonces la brisa montañosa y en el rizo cabrilleaban las razas de la luna llena, y don Manuel le dijo a Lázaro.

– ¡Mira, el agua está rezando la letanía y ahora dice: *Ianua caeli, ora pro nobis*, puerta del cielo, ruega por nosotros!

Y cayeron temblando de sus pestañas a la yerba del suelo dos huideras lágrimas en que también, como en rocío, se bañó temblorosa la lumbre de la luna llena.

7

E iba corriendo el tiempo y observábamos mi hermano y yo que las fuerzas de don Manuel empezaban a decaer, que ya no lograba contener del todo la insondable tristeza que le consumía, que acaso una enfermedad traidora le iba minando el cuerpo y el alma. Y Lázaro, acaso para distraerle más, le propuso si no estaría bien que fundasen en la iglesia algo así como un Sindicato católico agrario.

– ¿Sindicato? – respondió tristemente don Manuel –. ¿Sindicato? Y ¿qué es eso? Yo no conozco más sindicato que la Iglesia, y ya sabes aquello de 'mi reino no es de este mundo'.[42] Nuestro reino, Lázaro, no es de este mundo ...

---

[42] St John xviii, 36.

– ¿Y del otro?

Don Mánuel bajó la cabeza:

– El otro, Lázaro, está aquí también, porque hay dos reinos en este mundo. O mejor, el otro mundo ..., vamos, que no sé lo que me digo. Y en cuanto a eso del Sindicato, es en ti un resabio de tu época de progresismo. No, Lázaro, no; la religión no es para resolver los conflictos económicos o políticos de este mundo que Dios entregó a las disputas de los hombres. Piensen los hombres y obren los hombres como pensaren y como obraren, que se consuelen de haber nacido, que vivan lo más contentos que puedan en la ilusión de que todo esto tiene una finalidad. Yo no he venido a someter los pobres a los ricos, ni a predicar a éstos que se sometan a aquéllos. Resignación y caridad en todos y para todos. Porque también el rico tiene que resignarse a su riqueza, y a la vida, y también el pobre tiene que tener caridad para con el rico. ¿Cuestión social? Deja eso, eso no nos concierne. Que traen una nueva sociedad, en que no haya ya ni ricos ni pobres, en que esté justamente repartida la riqueza, en que todo sea de todos, ¿y qué? ¿Y no crees que del bienestar general surgirá más fuerte el tedio de la vida? Sí, ya sé que uno de esos caudillos de la que llaman la revolución social ha dicho que la religión es el opio del pueblo.[43] Opio ... opio ... Opio, sí. Démosle opio, y que duerma y que sueñe. Yo mismo, con esta mi loca actividad, me estoy administrando opio. Y no logro dormir bien, y menos soñar bien ... ¡Esta terrible pesadilla! Y yo también puedo decir con el Divino Maestro: 'Mi alma está triste hasta la muerte.'[44] No, Lázaro, no; nada de sindicatos por nuestra parte. Si lo forman ellos, me parecerá bien, pues que así se distraen. Que jueguen al sindicato, si eso les contenta.

---

[43] A reference to Karl Marx.
[44] St Matthew xxvi, 38; St Mark xiv, 34.

El pueblo todo observó que a don Manuel le menguaban las fuerzas, que se fatigaba. Su voz misma, aquella voz que era un milagro, adquirió un cierto temblor íntimo. Se le asomaban las lágrimas con cualquier motivo.[45] Y sobre todo cuando hablaba al pueblo del otro mundo, de la otra vida, tenía que detenerse a ratos cerrando los ojos. 'Es que lo está viendo', decían. Y en aquellos momentos era Blasillo el bobo el que con más cuajo lloraba. Porque ya Blasillo lloraba más que reía, y hasta sus risas sonaban a lloros.

Al llegar la última Semana de Pasión que con nosotros, en nuestro mundo, en nuestra aldea celebró don Manuel, el pueblo todo presintió el fin de la tragedia. ¡Y cómo sonó entonces aquel '¡Dios mío, Dios mío!, ¿por qué me has abandonado?', el último que en público sollozó don Manuel! Y cuando dijo lo del Divino Maestro al buen bandolero − 'todos los bandoleros son buenos', solía decir nuestro don Manuel −, aquello de: 'Mañana estarás conmigo en el paraíso.'[46] ¡Y la última comunión general que repartió nuestro santo! Cuando llegó a dársela a mi hermano, esta vez con mano segura, después del litúrgico ... *in vitam aeternam*,[47] se le inclinó al oído y le dijo: 'No hay más vida eterna que ésta ..., que la sueñen eterna ..., eterna de unos pocos años ...' Y cuando me la dio a mí me dijo: 'Reza, hija mía, reza por nosotros.' Y luego, algo tan extraordinario que lo llevo en el corazón como el más grande misterio, y fue que me dijo con voz que parecía de otro mundo: '... y reza también por Nuestro Señor Jesucristo ...'

Me levanté sin fuerzas y como sonámbula. Y todo en torno me pareció un sueño. Y pensé: 'Habré de rezar también por

---

[45] *Tears came to his eyes for the slightest reason.*
[46] Christ's words to the Good Thief, 'This day thou shalt be with me in Paradise': St Luke xxiii, 43.
[47] *in life everlasting.*

el lago y por la montaña.' Y luego: '¿Es que estaré endemoniada?'[48] Y en casa ya, cogí el crucifijo con el cual en las manos había entregado a Dios su alma mi madre, y mirándolo a través de mis lágrimas y recordando el '¡Dios mío, Dios mío!, ¿por qué me has abandonado?' de nuestros dos Cristos, el de esta Tierra y el de esta aldea, recé: 'Hágase tu voluntad así en la tierra como en el cielo', primero, y después: 'Y no nos dejes caer en la tentación, amén.'[49] Luego me volví a aquella imagen de la Dolorosa, con su corazón traspasado por siete espadas, que había sido el más doloroso consuelo de mi pobre madre, y recé: 'Santa María, madre de Dios, ruega por nosotros, pecadores, ahora y en la hora de nuestra muerte, amén.'[50] Y apenas lo había rezado cuando me dije: '¿Pecadores?, ¿nosotros pecadores?, ¿y cuál es nuestro pecado, cuál?' Y anduve todo el día acongojada por esta pregunta.

Al día siguiente acudí a don Manuel, que iba adquiriendo una solemnidad de religioso ocaso, y le dije:

— ¿Recuerda, padre mío, cuando hace ya años, al dirigirle yo una pregunta me contestó: 'Eso no me lo preguntéis a mí, que soy ignorante; doctores tiene la Santa Madre Iglesia que os sabrán responder'?

— ¡Que si me acuerdo! ... Y me acuerdo que te dije que ésas eran preguntas que te dictaba el Demonio.

— Pues bien, padre: hoy vuelvo yo, la endemoniada, a dirigirle otra pregunta que me dicta mi demonio de la guarda.

— Pregunta.

— Ayer, al darme de comulgar, me pidió que rezara por todos nosotros y hasta por ...

---

[48] Endnote H.
[49] Extracts from the Lord's Prayer.
[50] Extract from the Hail Mary.

– Bien, cállalo y sigue.

– Llegué a casa y me puse a rezar, y al llegar a aquello de 'ruega por nosotros, pecadores, ahora y en la hora de nuestra muerte', una voz íntima me dijo: '¿Pecadores?, ¿pecadores nosotros?, ¿y cuál es nuestro pecado?' ¿Cuál es nuestro pecado, padre?

– ¿Cuál? – me respondió. Ya lo dijo un gran doctor de la Iglesia Católica Apostólica Española, ya lo dijo el gran doctor de *La vida es sueño*, ya dijo que 'el delito mayor del hombre es haber nacido'.[51] Ése es, hija, nuestro pecado: el de haber nacido.

– ¿Y se cura, padre?

– ¡Vete y vuelve a rezar! Vuelve a rezar por nosotros, pecadores, ahora y en la hora de nuestra muerte ... Sí, al fin se cura el sueño ..., y al fin se cura la vida ..., al fin se acaba la cruz del nacimiento ... Y como dijo Calderón, el hacer bien, y el engañar bien, ni aun en sueños se pierde ...

8

Y la hora de su muerte llegó, por fin. Todo el pueblo la veía llegar. Y fue su más grande lección. No quiso morirse ni solo ni ocioso. Se murió predicando al pueblo, en el templo. Primero, antes de mandar que le llevasen a él, pues no podía ya moverse por la perlesía, nos llamó a su casa a Lázaro y a mí. Y allí los tres a solas, nos dijo:

– Oíd: cuidad de estas pobres ovejas, que se consuelen de vivir, que crean lo que yo no he podido creer. Y tú, Lázaro,

---

[51] A quotation from Calderón's most famous play, *La vida es sueño*, written *c.* 1640.

cuando hayas de morir, muere como yo, como morirá nuestra Ángela, en el seno de la Santa Madre Católica Apostólica Romana, de la Santa Madre Iglesia de Valverde de Lucerna, bien entendido. Y hasta nunca más ver, pues se acaba este sueño de la vida ...

— ¡Padre, padre! — gemí yo.

— No te aflijas, Ángela, y sigue rezando por todos los pecadores, por todos los nacidos. Y que sueñen, que sueñen. ¡Qué ganas tengo de dormir, dormir, dormir sin fin, dormir por toda una eternidad y sin soñar!, ¡olvidando el sueño! Cuando me entierren, que sea en una caja hecha con aquellas seis tablas que tallé del viejo nogal, ¡pobrecillo!, a cuya sombra jugué de niño, cuando empezaba a soñar ... ¡Y entonces sí que creía en la vida perdurable! Es decir, me figuro ahora que creía entonces. Para un niño, creer no es más que soñar. Y para un pueblo. Esas seis tablas que tallé con mis propias manos, las encontraréis al pie de mi cama.[52]

Le dió un ahogo y, repuesto de él, prosiguió';

— Recordaréis que cuando rezábamos todos en uno, en unanimidad de sentido, hechos pueblo,[53] el Credo, al llegar al final yo me callaba. Cuando los israelitas iban llegando al fin de su peregrinación por el desierto, el Señor les dijo a Aarón y a Moisés que por no haberle creído no meterían a su pueblo en la tierra prometida, y les hizo subir al monte de Hor, donde Moisés hizo desnudar a Aarón, que allí murió, y luego subió Moisés desde las llanuras de Moab al monte Nebo, a la cumbre del Frasga, enfrente de Jericó, y el Señor le mostró toda la tierra prometida a su pueblo, pero diciéndole a él: '¡No pasarás allá!' Y allí murió Moisés y nadie supo su

---

[52] Endnote I.

[53] *when we used to recite the Creed all together, as a community, with a common purpose.*

sepultura. Y dejó por caudillo a Josué. Sé tú, Lázaro, mi Josué, y si puedes detener al sol detenle y no te importe del progreso. Como Moisés, he conocido al Señor, nuestro supremo ensueño, cara a cara, y ya sabes que dice la Escritura que el que le ve la cara a Dios, que el que le ve al sueño los ojos de la cara con que nos mira, se muere sin remedio y para siempre.[54] Que no le vea, pues, la cara a Dios este nuestro pueblo mientras viva, que después de muerto ya no hay cuidado, pues no verá nada ...

— ¡Padre, padre, padre! — volví a gemir. Y él:

— Tú, Ángela, reza siempre, sigue rezando para que los pecadores todos sueñen hasta morir la resurrección de la carne y la vida perdurable ...

Yo esperaba un '¿y quién sabe ...?',[55] cuando le dio otro ahogo a don Manuel.

— Y ahora — añadió —, ahora, en la hora de mi muerte, es hora de que hagáis que se me lleve, en este mismo sillón, a la iglesia, para despedirme allí de mi pueblo que me espera.

Se le llevó a la iglesia y se le puso, en el sillón, en el presbiterio, al pie del altar. Tenía entre sus manos un crucifijo. Mi hermano y yo nos pusimos junto a él, pero fue Blasillo el bobo quien más se arrimó. Quería coger de la mano a don Manuel, besársela. Y como algunos trataran de impedírselo, don Manuel les reprendió, diciéndoles:

— Dejadle que se me acerque. Ven, Blasillo, dame la mano.

El bobo lloraba de alegría. Y luego don Manuel dijo:

— Muy pocas palabras, hijos míos, pues apenas me siento con fuerzas sino para morir. Y nada nuevo tengo que deciros.

---

[54] The references in this paragraph are all taken from the Old Testament: see books of Numbers xx, 23-9; Deuteronomy xxxiv, 1-12; Joshua x, 12-13; and Exodus xxxiii, 20.

[55] *I expected him to add the words 'and who knows'*; meaning that by dint of prayer the wish might become reality.

Ya os lo dije todo. Vivid en paz y contentos y esperando que todos nos veamos un día en la Valverde de Lucerna que hay allí, entre las estrellas de la noche que se reflejan en el lago, sobre la montaña. Y rezad, rezad a María Santísima, rezad a Nuestro Señor. Sed buenos, que esto basta. Perdonadme el mal que haya podido haceros sin quererlo y sin saberlo. Y ahora, después que os dé mi bendición, rezad todos a una el Padrenuestro, el Avemaría, la Salve y, por último, el Credo.

Luego, con el crucifijo que tenía en la mano, dio la bendición al pueblo, llorando las mujeres y los niños y no pocos hombres, y en seguida empezaron las oraciones, que don Manuel oía en silencio y cogido de la mano por Blasillo, que al son del ruego se iba durmiendo. Primero, el Padrenuestro, con su 'hágase tu voluntad así en la tierra como en el cielo'; luego, el Santa María, con su 'ruega por nosotros, pecadores, ahora y en la hora de nuestra muerte'; a seguida, la Salve, con su 'gimiendo y llorando en este valle de lágrimas', y, por último, el Credo. Y al llegar a la 'resurrección de la carne y la vida perdurable', todo el pueblo sintió que su santo había entregado su alma a Dios. Y no hubo que cerrarle los ojos, porque se murió con ellos cerrados. Y al ir a despertar a Blasillo nos encontramos con que se había dormido en el Señor para siempre. Así que hubo que enterrar dos cuerpos.

El pueblo todo se fue en seguida a la casa del santo a recoger reliquias, a repartirse retazos de sus vestiduras, a llevarse lo que pudieran como reliquia y recuerdo del bendito mártir. Mi hermano guardó su breviario, entre cuyas hojas encontró, desecada y como en un herbario, una clavellina pegada a un papel, y en éste, una cruz con una fecha.[56]

[56] Endnote J.

9

Nadie en el pueblo quiso creer en la muerte de don Manuel; todos esperaban verle a diario, y acaso le veían pasar a lo largo del lago y espejado en él o teniendo por fondo la montaña; todos seguían oyendo su voz, y todos acudían a su sepultura, en torno a la cual surgió todo un culto. Las endemoniadas venían ahora a tocar la cruz de nogal, hecha también por sus manos y sacada del mismo árbol de donde sacó las seis tablas en que fue enterrado. Y los que menos queríamos creer que se hubiese muerto éramos mi hermano y yo.

Él, Lázaro, continuaba la tradición del santo y empezó a redactar lo que le había oído, notas de que me he servido para esta mi memoria.

– Él me hizo un hombre nuevo, un verdadero Lázaro, un resucitado[57] – me decía –. Él me dio fe.

– ¿Fe? – le interrumpía yo.

– Sí, fe, fe en el consuelo de la vida, fe en el contento de la vida. Él me curó de mi progresismo. Porque hay, Ángela, dos clases de hombres peligrosos y nocivos: los que convencidos de la vida de ultratumba, de la resurrección de la carne, atormentan, como inquisidores que son, a los demás para que, despreciando esta vida como transitoria, se ganen la otra; y los que no creyendo más que en este ...

– Como acaso tú ... – le decía yo.

– Y sí, y como don Manuel. Pero que no creyendo más que en este mundo esperan no sé qué sociedad futura y se esfuerzan en negarle al pueblo el consuelo de creer en otro ...

– De modo que ...

– De modo que hay hacer que vivan de la ilusión.

[57] *A true Lazarus, raised from the dead*; St John xi, 43-4 and xii, 1.

El pobre cura que llegó a sustituir a don Manuel en el curato entró en Valverde de Lucerna abrumado por el recuerdo del santo y se entregó a mi hermano y a mí para que le guiásemos. No quería sino seguir las huellas del santo. Y mi hermano le decía: 'Poca teología, ¿eh?, poca teología; religión, religión.' Y yo al oírselo me sonreía, pensando si es que no era también teología lo nuestro.

Y empecé entonces a temer por mi pobre hermano. Desde que se nos murió don Manuel no cabía decir que viviese. Visitaba a diario su tumba y se pasaba horas muertas contemplando el lago. Sentía morriña de la paz verdadera.

— No mires tanto al lago — le decía yo.

— No, hermana, no temas. Es otro el lago que me llama; es otra la montaña. No puedo vivir sin él.

— ¿Y el contento de vivir, Lázaro, el contento de vivir?

— Eso para otros pecadores, no para nosotros, que le hemos visto la cara a Dios, a quienes nos ha mirado con sus ojos el sueño de la vida.

— ¿Qué, te preparas a ir a ver a don Manuel?

— No, hermana, no; ahora y aquí en casa, entre nosotros solos, toda la verdad, por amarga que sea, amarga como el mar a que van a parar las aguas de este dulce lago, toda la verdad para ti, que estás abroquelada contra ella …

— ¡No, no, Lázaro; ésa no es la verdad!

— La mía, sí.

— La tuya, pero ¿y la de …?

— También la de él.

— ¡Ahora no, Lázaro; ahora no! Ahora cree otra cosa, ahora cree …

— Mira, Ángela, una de las veces en que al decirme don Manuel que hay cosas que aunque se las diga uno a sí mismo debe callárselas a los demás, le repliqué que me decía eso por decírselas a él, esas mismas, a sí mismo, acabó confesándome que creía que más de uno de los grandes santos, acaso el mayor, había muerto sin creer en la otra vida.

— ¿Es posible?

— ¡Y tan posible! Y ahora hermana, cuida que no sospechen siquiera aquí, en el pueblo, nuestro secreto ...

— ¿Sospecharlo? — le dije —. Si intentase, por locura, explicárselo, no lo entenderían. El pueblo no entiende de palabras; el pueblo no ha entendido más que vuestras obras. Querer exponerles eso sería como leer a unos niños de ocho años unas páginas de Santo Tomás de Aquino ... en latín.[58]

— Bueno, pues cuando yo me vaya, reza por mí y por él y por todos.

Y por fin le llegó también su hora. Una enfermedad que iba minando su robusta naturaleza pareció exacerbársele con la muerte de don Manuel.

— No siento tanto tener que morir — me decía en sus últimos días —, como que conmigo se muere otro pedazo del alma de don Manuel. Pero lo demás de él vivirá contigo. Hasta que un día hasta los muertos nos moriremos del todo.

Cuando se hallaba agonizando entraron, como se acostumbra en nuestras aldeas, los del pueblo a verle agonizar; y encomendaban su alma a don Manuel, a San Manuel Bueno, el mártir. Mi hermano no les dijo nada, no tenía ya nada que decirles; les dejaba dicho todo, todo lo que queda dicho. Era otra laña más entre las dos Valverdes de Lucerna, la del fondo del lago y la que en su sobrehaz se mira; era ya uno de nuestros muertos de vida,[59] uno también, a su modo, de nuestros santos.

[58] St Thomas Aquinas, the great thirteenth-century theologian and author of the *Summa Theologica*.

[59] *he was now one of our dead in life*, i.e. he was part of the history of those who were still alive.

10

Quedé más que desolada, pero en mi pueblo y con mi pueblo. Y ahora, al haber perdido a mi San Manuel, al padre de mi alma, y a mi Lázaro, mi hermano aún más que carnal, espiritual, ahora es cuando me doy cuenta de que he envejecido y de cómo he envejecido. Pero ¿es que he envejecido?, ¿es que me acerco a mi muerte?

¡Hay que vivir! Y él me enseñó a vivir, él nos enseñó a vivir, a sentir la vida, a sentir el sentido de la vida, a sumergirnos en el alma de la montaña, en el alma del lago, en el alma del pueblo de la aldea, a perdernos en ellas para quedar en ellas. Él me enseñó con su vida, a perderme en la vida del pueblo de mi aldea, y no sentía yo más pasar las horas y los días y los años, que no sentía pasar el agua del lago.[60] Me parecía como si mi vida hubiese de ser siempre igual. No me sentía envejecer. No vivía yo ya en mí, sino que vivía en mi pueblo y mi pueblo vivía en mí. Yo quería decir lo que ellos, los míos, decían sin querer. Salía a la calle, que era la carretera, y como conocía a todos, vivía en ellos y me olvidaba de mí, mientras que en Madrid, donde estuve alguna vez con mi hermano, como a nadie conocía, sentíame en terrible soledad y torturada por tantos desconocidos.

Y ahora, al escribir esta memoria, esta confesión íntima de mi experiencia de la santidad ajena, creo que don Manuel Bueno, que mi San Manuel y que mi hermano Lázaro se murieron creyendo no creer lo que más nos interesa, pero sin creer creerlo, creyéndolo en una desolación activa y resignada.

Pero ¿por qué – me he preguntado muchas veces – no trató don Manuel de convertir a mi hermano también con

---

[60] *I did not feel the passing of the hours, the days and the years any more than I felt the passage of the water in the lake.*

un engaño, con una mentira, figiéndose creyente sin serlo? Y he comprendido que fue porque comprendió que no le engañaría, que para con él no le serviría el engaño, que sólo con la verdad, con su verdad, le convertiría; que no habría conseguido nada si hubiese pretendido representar para con él una comedia − tragedia más bien − , la que representaba para salvar al pueblo. Y así le ganó, en efecto, para su piadoso fraude; así le ganó con la verdad de muerte a la razón de vida. Y así me ganó a mí, que nunca dejé transparentar a los otros su divino, su santísimo juego. Y es que creía y creo que Dios Nuestro Señor, por no sé qué sagrados y no escudriñaderos designios, les hizo creerse incrédulos. Y que acaso en el acabamiento de su tránsito se les cayó la venda.[61] Y yo, ¿creo?[62]

Y al escribir esto ahora, aquí, en mi vieja casa materna, a mis más que cincuenta años, cuando empiezan a blanquear con mi cabeza mis recuerdos,[63] está nevando, nevando sobre el lago, nevando sobre la montaña, nevando sobre las memorias de mi padre, el forastero; de mi madre, de mi hermano Lázaro, de mi pueblo, de mi San Manuel, y también sobre la memoria del pobre Blasillo, de mi San Blasillo, y que él me ampare desde el cielo. Y esta nieve borra esquinas y borra sombras, pues hasta de noche la nieve alumbra. Y yo no sé lo que es verdad y lo que es mentira, ni lo que vi y lo que sólo soñé − o mejor lo que soñé y lo que sólo vi − , ni lo que supe ni lo que creí. Ni sé sí estoy traspasando a este papel, tan blanco como la nieve, mi conciencia, que en él se ha de quedar, quedándome yo sin ella. ¿Para qué tenerla ya ...?

[61] *And that perhaps at the end of their passage the blindfold dropped from their eyes.*

[62] Endnote K.

[63] *as my memories become as faded as the colour of my hair.*

¿Es que sé algo?, ¿es que creo algo? ¿Es que esto que estoy aquí contando ha pasado y ha pasado tal y como lo cuento? ¿Es que pueden pasar estas cosas? ¿Es que todo esto es más que un sueño soñado dentro de otro sueño? ¿Seré yo, Ángela Carballino, hoy cincuentona, la única persona que en esta aldea se ve acometida de estos pensamientos extraños para los demás?[64] ¿Y éstos, los otros, los que me rodean, creen? ¿Qué es eso de creer? Por lo menos, viven. Y ahora creen en San Manuel Bueno, mártir, que sin esperar la inmortalidad los mantuvo en la esperanza de ella.

Parece que el ilustrísimo señor obispo, el que ha promovido el proceso de beatificación de nuestro santo de Valverde de Lucerna, se propone escribir su vida, una especie de manual del perfecto párroco, y recoge para ello toda clase de noticias. A mí me las ha pedido con insistencia, ha tenido entrevistas conmigo, le he dado toda clase de datos, pero me he callado siempre el secreto trágico de don Manuel y de mi hermano.[65] Y es curioso que él no lo haya sospechado. Y confío en que no llegue a su conocimiento todo lo que en esta memoria dejo consignado. Les temo a las autoridades de la tierra, a las autoridades temporales, aunque sean las de la Iglesia.

Pero aquí queda esto, y sea de su suerte lo que fuere.

¿Cómo vino a parar a mis manos este documento, esta memoria de Ángela Carballino? He aquí algo, lector, algo que debo guardar en secreto. Te la doy tal y como a mí ha llegado, sin más que corregir pocas, muy pocas particularidades de redacción. ¿Que se parece mucho a otras cosas que yo he

[64] Endnote L.
[65] Endnote M.

escrito? Esto nada prueba contra su objetividad, su originalidad. ¿Y sé yo, además, si no he creado fuera de mí seres reales y efectivos, de alma inmortal? ¿Sé yo si aquel Augusto Pérez, el de mi nivola Niebla,[66] *no tenía razón al pretender ser más real, más objetivo que yo mismo, que pretendía haberlo inventado? De la realidad de este San Manuel Bueno, mártir, tal como me lo ha revelado su discípula e hija espiritual Ángela Carballino, de esta realidad no se me ocurre dudar. Creo en ella más que creía el mismo santo; creo en ella más que creo en mi propia realidad.*[67]

Y ahora, antes de cerrar este epílogo, quiero recordarte, lector paciente, el versillo noveno de la Epístola del olvidado apóstol San Judas – ¡lo que hace un nombre! –,[68] *donde se nos dice cómo mi celestial patrono, San Miguel Arcángel – Miguel quiere decir: '¿Quién como Dios?', y arcángel, archimensajero –, disputó con el Diablo – Diablo quiere decir acusador, fiscal – por el cuerpo de Moisés y no toleró que se lo llevase en juicio de maldición, sino que le dijo al Diablo: 'El Señor te reprenda.' Y el que quiera entender, que entienda.*[69]

Quiero también, ya que Ángela Carballino mezcló a su relato sus propios sentimientos, ni sé que otra cosa quepa,[70] *comentar yo aquí lo que ella dejó dicho de que, si don Manuel y su discípulo Lázaro hubiesen confesado al pueblo su estado de creencia, éste, el pueblo, no los habría entendido. Ni los habría creído, añado yo. Habrían creído a sus obras y no a*

---

[66] Unamuno's *Niebla* was first published in 1914 with the subtitle 'nivola'.

[67] Endnote N.

[68] *What impact a name can have*, meaning that the fame of San Judas (St Jude) has been eclipsed by that of Judas, the traitor.

[69] Endnote O.

[70] *nor do I see how she could have done otherwise.*

sus palabras, porque las palabras no sirven para apoyar las obras, sino que las obras se bastan. Y para un pueblo como el de Valverde de Lucerna no hay más confesión que la conducta. Ni sabe el pueblo qué cosa es fe, ni acaso le importa mucho.

Bien sé que en lo que se cuenta en este relato, si se quiere novelesco – y la novela es la más íntima historia, la más verdadera, por lo que no me explico que haya quien se indigne de que se llame novela al Evangelio, lo que es elevarlo, en realidad, sobre un cronicón cualquiera –,[71] *bien sé que en lo que se cuenta en este relato no pasa nada; mas espero que sea porque en ello todo se queda,*[72] *como se quedan los lagos y las montañas y las santas almas sencillas, asentadas más allá de la fe y de la desesperación, que en ellos, en los lagos y las montañas, fuera de la historia, en divina novela, se cobijaron.*

Salamanca, noviembre de 1930

---

[71] Endnote P.
[72] Endnote Q.

LA NOVELA DE DON SANDALIO, JUGADOR DE AJEDREZ

Alors une faculté pitoyable se développa dans leur esprit, celle de voir la bêtise et de ne plus la tolérer.[73]

G. Flaubert, *Bouvard et Pécuchet*

PRÓLOGO

No hace mucho recibí carta de un lector para mí desconocido, y luego copia de parte de una correspondencia que tuvo con un amigo suyo y en que éste le contaba el conocimiento que hizo con un Don Sandalio, jugador de ajedrez, y le trazaba la característica del Don Sandalio.

'Sé — me decía mi lector — que anda usted a la busca de[74] *argumentos o asuntos para sus novelas o* nivolas, *y ahí va uno en estos fragmentos de cartas que le envío. Como verá, no he dejado el nombre del lugar en que los sucesos narrados se desarrollaron, y en cuanto a la época, bástele saber que fue durante el otoño e invierno de 1910. Ya sé que no es usted de los que se preocupan de situar los hechos en lugar y tiempo, y acaso no le falte razón.'*

Poco más me decía, y no quiero decir más a modo de prólogo o aperitivo.

1

31 agosto 1910

Ya me tienes aquí, querido Felipe, en este apacible rincón de la costa y al pie de las montañas que se miran en la mar;

---

[73] *A pitiful faculty then developed in their minds, that of recognizing stupidity and not tolerating it any more.*
[74] *you are always on the look-out for.*

aquí, donde nadie me conoce ni conozco, gracias a Dios, a nadie. He venido, como sabes, huyendo de la sociedad de los llamados prójimos o semejantes, buscando la compañía de las olas de la mar y de las hojas de los árboles, que pronto rodarán como aquéllas.

Me ha traído, ya lo sabes, un nuevo ataque de misantropía, o mejor de antropofobia, pues a los hombres más que los odio los temo. Y es que se me ha exacerbado aquella lamentable facultad que, según Gustavo Flaubert, se desarrolló en los espíritus de su Bouvard y su Pécuchet, y es la de ver la tontería y no poder tolerarla. Aunque para mí no es verla, sino oírla; no ver la tontería — *bêtise* —, sino oír las tonterías que día tras día, e irremisiblemente, sueltan jóvenes y viejos, tontos y listos. Pues son los que pasan por listos los que más tonterías hacen y dicen. Aunque sé bien que me retrucarás con mis propias palabras, aquellas que tantas veces me has oído, de que el hombre más tonto es el que se muere sin haber hecho ni dicho tontería alguna.

Aquí me tienes haciendo, aunque entre sombras humanas que se me cruzan alguna vez en el camino, de Robinsón Crusoe, de solitario. ¿Y no te acuerdas cuando leíamos aquel terrible pasaje del Robinsón de cuando éste, yendo una vez a su bote, se encontró sorprendido por la huella de un pie desnudo de hombre en la arena de la playa? Quedóse como fulminado, como herido por un rayo — *thunderstruck* —, como si hubiera visto una aparición. Escuchó, miró en torno de sí sin oír ni ver nada. Recorrió la playa, ¡y tampoco! No había más que la huella de un pie, dedos, talón, cada parte de él. Y volvióse Robinsón a su madriguera, a su fortificación, aterrado en el último grado, mirando tras de sí a cada dos o tres pasos, confundiendo árboles y matas, imaginándose a la distancia que cada tronco era un hombre, y lleno de antojos y agüeros.

¡Qué bien me represento a Robinsón! Huyo, no de ver

huellas de pies desnudos de hombres, sino de oírles palabras de sus almas revestidas de necesidad, y me aíslo para defenderme del roce de sus tonterías. Y voy a la costa a oír la rompiente de las olas, o al monte a oír el rumor del viento entre el follaje de los árboles. ¡Nada de hombres! ¡Ni de mujer, claro! A lo sumo algún niño que no sepa aún hablar, que no sepa repetir las gracias que le han enseñado, como a un lorito, en su casa, sus padres.

2

5 setiembre

Ayer anduve por el monte conversando silenciosamente con los árboles. Pero es inútil que huya de los hombres: me los encuentro en todas partes; mis árboles son árboles humanos. Y no sólo porque hayan sido plantados y cuidados por hombres, sino por algo más. Todos estos árboles son árboles domesticados y domésticos.

Me he hecho amigo de un viejo roble. ¡Si le vieras, Felipe, si le vieras! ¡Qué héroe! Debe de ser muy viejo ya. Está en parte muerto. ¡Fíjate bien, muerto en parte!, no muerto del todo. Lleva una profunda herida que le deja ver las entrañas al descubierto. Y esas entrañas están vacías. Está enseñando el corazón. Pero sabemos, por muy someras nociones de botánica, que su verdadero corazón no es ése; que la savia circula entre la albura del leño y la corteza. ¡Pero cómo me impresiona esa ancha herida con sus redondeados rebordes! El aire entra por ella y orea el interior del roble, donde, si sobreviene una tormenta, puede refugiarse un peregrino, y donde podría albergarse un anacoreta o un Diógenes[75] de la

---

[75] Greek philosopher, who lived *c.* 350 B.C., renowned for his austere living.

selva. Pero la savia corre entre la corteza y el leño y da jugo de vida a las hojas que verdecen al sol. Verdecen hasta que, amarillas y ahornagadas, se arremolinan en el suelo, y podridas, al pie del viejo héroe del bosque, entre los fuertes brazos de su raigambre, van a formar el mantillo de abono que alimentará a las nuevas hojas de la venidera primavera. ¡Y si vieras qué brazos los de su raigambre que hunde sus miles de dedos bajo tierra! Unos brazos que agarran a la tierra como sus ramas altas agarran al cielo.

Cuando pase el otoño, el viejo roble quedará desnudo y callado, creerás tú. Pero no, porque le tiene abrazado una hiedra también heroica. Entre los más someros tocones de la raigambre y en el tronco del roble se destacan las robustas − o roblizas − venas de la hiedra, y ésta trepa por el viejo árbol y le reviste con sus hojas de verdor brillante y perenne. Y cuando las hojas del roble se rindan a tierra, le susurrará cantos de invierno el vendaval entre las hojas de la hiedra. Y aun muerto el roble verdecerá al sol, y acaso algún enjambre de abejas ponga su colmena en la ancha herida de su seno.

No sé por qué, mi querido Felipe, pero es el caso que este viejo roble empieza a reconciliarme con la humanidad. Además, ¿por qué no he de decírtelo? ¡Hace tanto tiempo que no he oído una tontería! Y así, a la larga, no se puede vivir. Me temo que voy a sucumbir.

3

10 setiembre

¿No te lo decía, Felipe? He sucumbido. Me he hecho socio del Casino, aunque todavía más para ver que para oír. En cuanto han llegado las primeras lluvias. Con mal tiempo, ni la costa ni el monte ofrecen recursos, y en cuanto al hotel,

¿qué iba a hacer en él? ¿Pasarme el día leyendo, o mejor releyendo? No puede ser. Así es que he acabado por ir al Casino.

Paso un rato por la sala de lectura, donde me entrego más que a leer periódicos a observar a los que los leen. Porque los periódicos tengo que dejarlos en seguida. Son más estúpidos que los hombres que los escriben. Hay algunos de éstos que tienen cierto talento para decir tonterías, ¿pero para escribirlas?, para escribirlas ... ¡ninguno! Y en cuanto a los lectores, hay que ver qué cara de caricatura ponen cuando se ríen de las caricaturas.

Me voy luego al salón en que todos estos hombres se reúnen; pero huyo de las tertulias o peñas que forman. Las astillas de conversaciones que me llegan me hieren en lo más vivo de la herida que traje al venir a retirarme, como a estación de cura, a este rincón costero y montañés. No, no puedo tolerar la tontería humana. Y me dedico, con la mayor discreción posible, a hacer el oficio de mirón pasajero de las partidas de tresillo, de tute o de mus. Al fin, estas gentes han hallado un modo de sociedad casi sin palabra. Y me acuerdo de aquella soberana tontería del pseudo-pesimista Schopenhauer[76] cuando decía que los tontos, no teniendo ideas que cambiar, inventaron unos cartoncitos pintados para cambiarlos entre sí, y que son los naipes. Pues si los tontos inventaron los naipes, no son tan tontos, ya que Schopenhauer ni aun eso inventó, sino un sistema de baraja mental que se llama pesimismo y en que lo pésimo es el dolor, como si no hubiera el aburrimiento, el tedio, que es lo que matan los jugadores de naipes.

---

[76] German philosopher, 1788–1860, whose ideas became fashionable in literary circles at the turn of the century.

4

14 setiembre

Empiezo a conocer a los socios del Casino, a mis consocios — pues me he hecho hacer socio, aunque transeúnte —, claro es que de vista. Y me entretengo en irme figurando lo que estarán pensando, naturalmente que mientras que se callan, porque en cuanto dicen algo ya no me es posible figurarme lo que puedan pensar. Así es que en mi oficio de mirón prefiero mirar las partidas de tresillo a mirar las de mus, pues en éstas hablan demasiado. Todo ese barullo de *¡envido!*, *¡quiero!*, *¡cinco más!*, *¡diez más!*, *¡órdago!*, me entretiene un rato, pero luego me cansa. El *¡órdago!*, que parece es palabra vascuence, que quiere decir: *¡ahí está!*, me divierte bastante, sobre todo cuando se lo lanza el uno al otro en ademán de gallito de pelea.

Me atraen más las partidas de ajedrez, pues ya sabes que en mis mocedades di en ese vicio solitario de dos en compañía.[77] Si es que eso es compañía. Pero aquí, en este Casino, no todas las partidas de ajedrez son silenciosas, ni de soledad de dos en compañía, sino que suele formarse un grupo con los mirones, y éstos discuten las jugadas con los jugadores, y hasta meten mano en el tablero. Hay, sobre todo, una partida entre un ingeniero de montes y un magistrado jubilado, que es de lo más pintoresco que cabe. Ayer, el magistrado, que debe de padecer de la vejiga, estaba inquieto y desasosegado, y como le dijeran que se fuese al urinario, manifestó que no se iba solo, sino con el ingeniero, por temor de que entretanto éste no le cambiase la posición de las piezas; así es que se fueron los dos, el magistrado a evacuar aguas

---

[77] *a solitary vice for two people together*. The phrase is borrowed from a poem by the nineteenth-century poet Ramón de Campoamor.

menores, y el ingeniero a escoltarle, y entretanto los mirones alteraron toda la composición del juego.

Pero hay un pobre señor, que es hasta ahora el que más me ha interesado. Le llaman − muy pocas veces, pues apenas hay quien le dirija la palabra, como él no se la dirige a nadie −, le llaman o se llama Don Sandalio, y su oficio parece ser el de jugador de ajedrez. No he podido columbrar nada de su vida, ni en rigor me importa gran cosa. Prefiero imaginármela. No viene al Casino más que a jugar al ajedrez, y lo juega, sin pronunciar apenas palabra, con una avidez de enfermo. Fuera del ajedrez parece no haber mundo para él. Los demás socios le respetan, o acaso le ignoran, si bien, según he creído notar, con un cierto dejo de lástima. Acaso se le tiene por un maniático. Pero siempre encuentra, tal vez por compasión, quien le haga la partida.[78]

Lo que no tiene es mirones. Comprenden que la mironería le molesta, y le respetan. Yo mismo no me he atrevido a acercarme a su mesilla, y eso que el hombre me interesa. ¡Le veo tan aislado en medio de los demás!, ¡tan metido en sí mismo! O mejor en su juego, que parece ser para él como una función sagrada, una especie de acto religioso. 'Y cuando no juega, ¿qué hace?' − me he preguntado − . ¿Cuál es la profesión con que se gana la vida?, ¿tiene familia?, ¿quiere a alguien?, ¿guarda dolores y desengaños?, ¿lleva alguna tragedia en el alma?

Al salir del Casino le he seguido cuando se iba hacia su casa, a observar si al cruzar el patio, como ajedrezado,[79] de la Plaza Mayor, daba algún paso en salto de caballo.[80] Pero luego, avergonzado, he cortado mi persecución.

---

[78] *someone who will give him a game.*
[79] *like a chess board* (referring to the patterns of the flagstones).
[80] *like a knight move* (in the game of chess).

5

17 setiembre

He querido sacudirme del atractivo del Casino, pero es imposible; la imagen de Don Sandalio me seguía a todas partes. Ese hombre me atrae como el que más de los árboles del bosque, es otro árbol más, un árbol humano, silencioso, vegetativo. Porque juega al ajedrez como los árboles dan hoja.

Llevo dos días sin ir al Casino, haciéndome un esfuerzo para no entrar en él, llegando hasta su puerta para huir en seguida de ella.

Ayer fui por el monte; pero al acercarme a la carretera, por donde van los hombres, a ese camino calzado que hicieron hacer por mano de siervos, de obreros alquilados — los caminos del monte los han hecho hombres libres (¿libres?), con los pies —, tuve que volver a internarme en el bosque, me echaron a él todos esos anuncios con que han estropeado el verdor de la naturaleza. ¡Hasta a los árboles de los bordes de la carretera les han convertido en anunciadores! Me figuro que los pájaros han de huir de esos árboles anunciantes más aún que de los espantapájaros que los labradores ponen en medio de los sembrados. Por lo visto, no hay como vestir a unos palitroques con andrajos humanos para que huyan del campo las graciosas criaturas que cosechan donde no sembraron, las libres avecillas a las que mantiene nuestro Padre y suyo.

Me interné por el monte y llegué a las ruinas de un viejo caserío. No quedaban más que algunos muros revestidos, como mi viejo roble, por la hiedra. En la parte interior de uno de esos muros medio derruidos, en la parte que formó antaño el interior de la casa, quedaba el resto del que fue hogar, de la chimenea familiar, y en ésta la huella del fuego de leña que allí ardió, el hollín que aún queda. Hollín sobre que brillaba el verdor de las hojas de la hiedra. Sobre la hiedra revoloteaban unos pajarillos. Acaso en ella, junto al cadáver de lo que fue hogar, han puesto su nido.

Y no sé por qué me acordaba de Don Sandalio, este producto tan urbano, tan casinero.[81] Y pensaba que por mucho que quiera huir de los hombres, de sus tonterías, de su estúpida civilización, sigo siendo hombre, mucho más hombre de lo que me figuro, y que no puedo vivir lejos de ellos. ¡Si es su misma necedad lo que me atrae! ¡Si la necesito para irritarme por dentro de mí!

Está visto que necesito a Don Sandalio, que sin Don Sandalio no puedo ya vivir.

6

20 setiembre

¡Por fin, ayer! No pude más. Llegó Don Sandalio al Casino, a su hora de siempre, cronométricamente, muy temprano, tomó su café de prisa y corriendo, se sentó a su mesita de ajedrez, requirió las piezas, las colocó en orden de batalla y se quedó esperando al compañero. El cual no llegaba. Y Don Sandalio con cara de cierta angustia y mirando al vacío. Me daba pena. Tanta pena me daba, que no pude contenerme, y me acerqué a él:

— Por lo visto, su compañero no viene hoy — le dije.

— Así parece — me contestó.

— Pues si a usted le place, y hasta que él llegue, puedo yo hacerle la partida. No soy un gran jugador, pero le he visto jugar y creo que no se aburrirá usted con mi juego ...

[81] *so typical of the club* (see Endnote R).

– Gracias – agregó.

Creí que iba a rechazarme, en espera de su acostumbrado compañero, pero no lo hizo. Aceptó mi oferta y ni me preguntó, por supuesto, quién era yo. Era como si yo no existiese en realidad, y como persona distinta de él, para él mismo. Pero él sí que existía para mí ... Digo, me lo figuro. Apenas si se dignó mirarme; miraba al tablero. Para Don Sandalio, los peones, alfiles, caballos, torres, reinas y reyes del ajedrez tienen más alma que las personas que los manejan. Y acaso tenga razón.

Juega bastante bien, con seguridad, sin demasiada lentitud, sin discutir ni volver las jugadas, no se le oye más que: '¡jaque!' Juega, te escribí el otro día, como quien cumple un servicio religioso. Pero no, mejor, como quien crea silenciosa música religiosa. Su juego es musical. Coge las piezas como si tañera en un arpa. Y hasta se me antoja oírle a su caballo, no relinchar – ¡esto nunca! –, sino respirar musicalmente, cuando va a dar un jaque. Es como un caballo con alas. Un Pegaso.[82] O mejor un Clavileño;[83] de madera como éste. ¡Y cómo se posa en la tabla! No salta; vuela. ¿Y cuando tañe a la reina? ¡Pura música!

Me ganó, y no porque juegue mejor que yo, sino porque no hacía más que jugar mientras que yo me distraía en observarle. No sé por qué se me figura que no debe de ser hombre muy inteligente, pero que pone toda su inteligencia, mejor, toda su alma, en el juego.

Cuando di por terminado éste – pues él no se cansa de jugar –, después de unas cuantas partidas, le dije:

– ¿Qué es lo que le habrá pasado a su compañero?

---

[82] Winged horse of classical mythology and a symbol of poetic genius.

[83] A wooden horse in Cervantes's *Don Quixote* which was alleged to have flown with Quixote and Sancho.

– No lo sé – me contestó.

Ni parecía importarle saberlo.

Salí del Casino a dar una vuelta hacia la playa, pero me quedé esperando a ver si Don Sandalio también salía. '¿Paseará este hombre?' – me pregunté. Al poco salió mi hombre, e iba como abstraído. No cabría decir adónde miraba. Le seguí hasta que, doblando una calleja, se metió en una casa. Seguramente la suya. Yo seguí hacia la playa, pero no ya tan solo como otras veces: Don Sandalio iba conmigo, mi Don Sandalio. Pero antes de llegar a la playa torcí hacia el monte y me fui a ver a mi viejo roble, el roble heroico, el de la abierta herida de las entrañas, el revestido de hiedra. Claro es que no establecí relación alguna entre él y Don Sandalio, y ni siquiera entre mi roble y mi jugador de ajedrez. Pero éste es ya parte de mi vida. También yo, como Robinsón, he encontrado la huella de un pie desnudo de alma de hombre, en la arena de la playa de mi soledad; mas no he quedado fulminado ni aterrado, sino que esa huella me atrae. ¿Será huella de tontería humana? ¿Lo será de tragedia? ¿Y no es acaso la tontería la más grande de las tragedias del hombre?

7

25 setiembre

Sigo preocupado, mi querido Felipe, con la tragedia de la tontería o más bien de la simplicidad. Hace pocos días oí, sin quererlo, en el hotel, una conversación que ésta sí que me dejó como fulminado. Hablaban de una señora que estaba a punto de morir, y el cura que la asistía le dijo: 'Bueno, cuando llegue al cielo no deje de decir a mi madre, en cuanto la vea, que aquí estamos viviendo cristianamente para poder

ir a hacerla compañía.' Y esto parece que lo dijo el cura, que
es piadosísimo, muy en serio. Y como no puedo por menos
que creer que el cura que así decía creía en ello, me di a pensar
en la tragedia de la simplicidad, o mejor en la felicidad de
la simplicidad. Porque hay felicidades trágicas. Y di luego
en pensar si acaso mi Don Sandalio no es un hombre feliz.

Volviendo al cual, a Don Sandalio, tengo que decirte que
sigo haciéndole la partida. Su compañero anterior parece que
se marchó de esta villa, lo cual he sabido no precisamente
por Don Sandalio mismo, que ni habla de él ni de ningún otro
prójimo, ni creo que se haya preocupado de saber si se fue
o no ni quién era. Lo mismo que no se preocupa de averiguar
quién soy yo, y no será poco que sepa mi nombre.

Como yo soy nuevo en su partida, se nos han acercado algunos mirones, atraídos por la curiosidad de ver cómo juego
yo, y acaso porque me creen otro nuevo Don Sandalio, a quien
hay que clasificar y acaso definir. Y yo me dejo hacer. Pero
pronto se han podido dar cuenta de que a mí me molestan
los mirones no menos que a Don Sandalio, si es que no más.

Anteayer fueron dos los mirones. ¡Y qué mirones! Porque
no se limitaron a mirar o a comentar de palabra las jugadas,
sino que se pusieron a hablar de política, de modo que no
pude contenerme, y les dije: '¿Pero se callarán ustedes?' Y
se marcharon. ¡Qué mirada me dirigió Don Sandalio!, ¡qué
mirada de profundo agradecimiento! Llegué a creer que a
mi hombre le duele la tontería tanto como a mí.

Acabamos las partidas y me fui a la costa, a ver morir las
olas en la arena de la playa, sin intentar seguir a Don Sandalio,
que se fue, sin duda, a su casa. Pero me quedé pensando si
mi jugador de ajedrez creerá que, terminada esta vida, se irá
al cielo, a seguir allí jugando, por toda una eternidad, con
hombres o con ángeles.

8

30 setiembre

Le observo a Don Sandalio alguna preocupación. Debe de ser por su salud, pues se le nota que respira con dificultad. A las veces se ve que ahoga una queja. Pero ¿quién se atreve a decirle nada? Hasta que le dio una especie de vahído.

— Si usted quiere, lo dejaremos ... — le dije.

— No, no — me respondió —; por mí, no.

'¡Jugador heroico!', pensé. Pero poco después agregué:

— ¿Por qué no se queda usted unos días en casa?

— ¿En casa? — me dijo —, ¡sería peor!

Y creo, en efecto, que le sería peor quedarse en casa. ¿En casa? ¿Y qué es su casa? ¿Qué hay en ella? ¿Quién vive en ella?

Abrevié las partidas, pretextando cualquier cosa, y le dejé con un: '¡que usted se alivie, Don Sandalio!' '¡Gracias!', me contestó. Y no añadió mi nombre porque de seguro no lo sabe.

Este mi Don Sandalio, no el que juega al ajedrez en el Casino, sino el otro, el que él me ha metido en el hondón del alma, el mío, me sigue ya a todas partes; sueño con él, casi sufro con él.

9

8 octubre

Desde el día en que Don Sandalio se retiró del Casino algo indispuesto, no ha vuelto por él. Y esto es una cosa tan extraordinaria, que me ha desasosegado. A los tres días de faltar mi hombre me sorprendí, uno, con el deseo de colocar las piezas en el tablero y quedarme esperándole. O acaso a

otro ... Y luego me di casi a temblar pensando si en fuerza
de pensar en mi Don Sandalio no me había éste sustituido
y padecía yo de una doble personalidad. Y la verdad, ¡basta
con una!

Hasta que anteayer, en el Casino, uno de los socios, al
verme tan solitario y, según él debió de figurarse, aburrido,
se me acercó a decirme:

— Ya sabrá usted lo de Don Sandalio ...

— ¿Yo?, no; ¿qué es ello?

— Pues ... que se le ha muerto el hijo.

— ¡Ah!, ¿pero tenía un hijo?

— Sí, ¿no lo sabe usted? El de aquella historia ...

¿Qué pasó por mí? No lo sé, pero al oír esto me fui,
dejándole con la palabra cortada,[84] y sin importarme lo que
por ello juzgase de mí. No, no quería que me colocase la
historia del hijo de Don Sandalio.[85] ¿Para qué? Tengo que
mantener puro, incontaminado, a mi Don Sandalio, al mío,
y hasta me le ha estropeado esto de que ahora le salga un
hijo[86] que me impide, con su muerte, jugar al ajedrez unos
días. No, no, no quiero saber historias. ¿Historias? Cuando
las necesite, me las inventaré.

Ya sabes tú, Felipe, que para mí no hay más historias que
las novelas. Y en cuanto a la novela de Don Sandalio, mi
jugador de ajedrez, no necesito de socios del Casino que
vengan a hacérmela.

Salí del Casino echando de menos a mi hombre, y me fui
al monte, a ver a mi roble. El sol daba en la ancha abertura
de sus vacías entrañas. Sus hojas, que casi se le iban ya

---

[84] *in mid-sentence.*

[85] *I refused to be lumbered with the story of Don Sandalio's son.*

[86] *and my Don Sandalio has even been spoilt by this new business of a
son.*

desprendiendo, se quedaban un rato, al caer, entre las hojas de la hiedra.

10

10 octubre

Ha vuelto Don Sandalio, ha vuelto al Casino, ha vuelto al ajedrez. Y ha vuelto el mismo, el mío el que yo conocía, y como si no le hubiese pasado nada.

— ¡He sentido mucho su desgracia, Don Sandalio! — le he dicho, mintiéndole.

— ¡Gracias, muchas gracias! — me ha respondido.

Y se ha puesto a jugar. Y como si no hubiese pasado nada en su casa, en su otra vida. Pero ¿tiene otra?

He dado en pensar que, en rigor, ni él existe para mí ni yo para él. Y, sin embargo ...

Al acabar las partidas me he ido a la playa, pero preocupado con una idea que te ha de parecer, de seguro, pues te conozco, absurda, y es la de qué seré, cómo seré yo para Don Sandalio. ¿Qué pensará de mí? ¿Cómo seré yo para él? ¿Quién seré yo para él?[87]

11

12 octubre

Hoy no sé, querido Felipe, qué demonio tonto me ha tentado, que se me ha ocurrido proponerle a Don Sandalio la solución de un problema de ajedrez.

[87] Endnote S.

— ¿Problemas? — me ha dicho —. No me interesan los problemas. Basta con los que el juego mismo nos ofrece sin ir más a buscarlos.

Es la vez que le he oído más palabras seguidas a mi Don Sandalio, pero ¡qué palabras! Ninguno de los mirones del Casino las habría comprendido como yo. A pesar de lo cual, me he ido luego a la playa a buscar los problemas que se me antoja que me proponen las olas de la mar.

12

14 octubre

Soy incorregible, Felipe, soy incorregible, pues como si no fuera bastante la lección que anteayer me dio Don Sandalio, hoy he pretendido colocarle una disertación sobre el alfil, pieza que manejo mal.

Le he dicho que al alfil, palabra que parece quiere decir elefante, le llaman los franceses *fou*, esto es: loco, y los ingleses *bishop*, o sea: obispo, y que a mí me resulta una especie de obispo loco, con algo elefantino, que siempre va de soslayo, jamás de frente,[88] y de blanco en blanco o de negro en negro y sin cambiar de color del piso en que le ponen y sea cual fuere su color propio. ¡Y qué cosas le he dicho del alfil blanco en piso blanco, del blanco en piso negro, del negro en piso blanco y del negro en piso negro! ¡Las virutas que he hecho con esto! Y él, Don Sandalio, me miraba asustado, como se miraría a un obispo loco, y hasta creí que estaba a punto de huir, como de un elefante. Esto lo dije en un intermedio, mientras cambiábamos las piezas, pues turnamos

---

[88] In chess, bishops move diagonally across the squares.

entre blancas y negras, teniendo siempre la salida aquéllas. La mirada de Don Sandalio era tal, que me desconcertó.

Cuando he salido del Casino iba pensando si la mirada de Don Sandalio tendría razón, si no es que me he vuelto loco, y hasta me parecía si, en mi terror de tropezar con la tontería humana, en mi terror de encontrarme con la huella del pie desnudo del alma de un prójimo, no iba caminando de soslayo, como un alfil. ¿Sobre piso blanco, o negro? Te digo, Felipe, que este Don Sandalio me vuelve loco.

13

23 octubre

No te he escrito, mi querido Felipe, en estos ocho días, porque he estado enfermo, aunque acaso más de aprensión que de enfermedad. Y además, ¡me entretenía tanto la cama, se me pegaban tan amorosamente las sábanas![89] Por la ventana de mi alcoba veo, desde la cama misma, la montaña próxima, en la que hay una pequeña cascada. Tengo sobre la mesilla de noche unos prismáticos, y me paso largos ratos contemplando con ellos la cascada. ¡Y qué cambios de luz los de la montaña!

He hecho llamar al médico más reputado de la villa, el doctor Casanueva,[90] el cual ha venido dispuesto, ante todo, a combatir la idea que yo tuviese de mi propia dolencia. Y sólo ha conseguido preocuparme más. Se empeña en que yo voy desafiando las enfermedades, y todo porque suelo ir con frecuencia al monte. Ha empezado por recomendarme que no fume, y cuando le he dicho que no fumo nunca, no sabía

---

[89] *it felt so good to lie between the blankets.*
[90] Endnote T.

ya qué decir. No ha tenido la resolución de aquel otro galeno que, en un caso análogo, le dijo al enfermo: '¡Pues entonces, fume usted!' Y acaso tuvo éste razón, pues lo capital es cambiar de régimen.

Casi todos estos días he guardado cama, y no, en rigor, porque ello me hiciera falta, sino porque así rumiaba mejor mi relativa soledad. En realidad, he pasado lo más del tiempo de estos ocho días traspuesto y en un estado entre la vela y el sueño, sin saber si soñaba la montaña que tenía enfrente o si veía delante de mí a Don Sandalio ausente.

Porque ya te puedes figurar que Don Sandalio, que mi Don Sandalio, ha sido mi principal ensueño de enfermedad. Me ilusionaba pensar que en estos días se haya definido más, que acaso haya cambiado, que cuando le vuelva a ver en el Casino y volvamos a jugar nuestras partidas le encuentre otro.

Y entretanto, ¿pensará él de mí?, ¿me echará de menos en el Casino?, ¿habrá encontrado en éste a algún otro consocio – ¡consocio! – que le haga la partida?, ¿habrá preguntado por mí?, ¿existo yo para él?

Hasta he tenido una pesadilla, y es que me he figurado a Don Sandalio como un terrible caballo negro – ¡caballo de ajedrez, por supuesto! – que se me venía encima a comerme,[91] y yo era un pobre alfil blanco, un pobre obispo loco y elefantino que estaba defendiendo al rey blanco para que no le dieran mate. Al despertarme de esta pesadilla, cuando iba rayando el alba, sentí una gran opresión en el pecho, y me puse a hacer largas y profundas inspiraciones y expiraciones, así como gimnásticas, para ver de entonar este corazón que el doctor Casanueva cree que está algo averiado. Y luego me he puesto a contemplar, con mis prismáticos,

---

[91] *which was about to pounce on me and devour me* (a play on words, since *comer* = to take in chess).

cómo los rayos del sol naciente daban en el agua de la cascada de la montaña frontera.

14

25 octubre

No más que pocas líneas en esta postal. He ido a la playa, que estaba sola. Más sola aun por la presencia de una sola joven que se paseaba al borde de las olas. Le mojaban los pies. La he estado observando sin ser visto de ella. Ha sacado una carta, la ha leído, ha bajado sus brazos teniendo con las dos manos la carta; los ha vuelto a alzar y ha vuelto a leerla; luego la ha roto en cachitos menudos, doblándola y volviéndola a doblar para ello; después ha ido lanzando uno a uno, cachito a cachito, al aire, que los llevaba − ¿mariposas del olvido? − a la rompiente. Hecho esto ha sacado el pañuelo, se ha puesto a sollozar, y se ha enjugado los ojos. El aire de la mar ha acabado de enjugárselos. Y nada más.

15

26 octubre

Lo que hoy te tengo que contar, mi querido Felipe, es algo inaudito, algo tan sorprendente, que jamás se le podría haber ocurrido al más ocurrente novelista. Lo que te probará cuánta razón tenía nuestro amigo a quien llamábamos Pepe *el Gallego*, que cuando estaba traduciendo cierto libro de sociología, nos dijo: 'No puedo resistir estos libros sociológicos de ahora; estoy traduciendo uno sobre el matrimonio primitivo, y todo se le vuelve al autor que si los algonquinos se casan de tal manera, los chipeuais de tal otra, los cafres de este modo, y así lo demás ... Antes llenaban los libros de palabras, ahora los llenan de esto que llaman hechos o documentos; lo que no veo por ninguna parte son ideas ... Yo, por mi parte, si se me ocurriera inventar una teoría sociológica, la apoyaría en hechos de mi invención, seguro como estoy de que todo lo que un hombre pueda inventar ha sucedido, sucede o sucederá alguna vez.' ¡Qué razón tenía nuestro buen Pepe!

Pero vamos al hecho, o, si quieres, al suceso.

Apenas me sentí algo más fuerte y me sacudí del abrigo de la cama, me fui, ¡claro es!, al Casino.[92] Me llevaba, sobre todo, como puedes bien figurarte, el encontrarme con mi Don Sandalio y el reanudar nuestras partidas. Llegué allá, y mi hombre no estaba allí. Y eso que era ya su hora. No quise preguntar por él.

Al poco rato no pude resistir, requerí un tablero de ajedrez, saqué un periódico en que venía un problema, y me puse a ver si lo resolvía. Y en esto llegó uno de aquellos mirones y me preguntó si quería echar una partida con él. Tentado estuve un momento de rehusárselo, pues me parecía algo así como una traición a mi Don Sandalio, pero al fin acepté.

Este consocio, antes mirón y ahora compañero de juego, resultó ser uno de esos jugadores que no saben estarse callados. No hacía sino anunciar las jugadas, comentarlas, repetir estribillos, y, cuando no, tararear alguna cancioncilla. Era algo insoportable. ¡Qué diferencia con las partidas graves, recogidas y silenciosas de Don Sandalio!

(Al llegar acá se me ocurre pensar que si el autor de estas cartas las tuviera que escribir ahora, en 1930, compararía las partidas con Don Sandalio al cine puro, gráfico, representativo, y las

---

[92] Endnote U.

partidas con el nuevo jugador al cine sonoro. Y así resultarían
partidas sonoras o zumbadas.)[93]

Yo estaba como sobre ascuas[94] y sin atreverme a mandarle
que se callase. Y no sé si lo comprendió, pero el caso es que
después de dos partidas me dijo que tenía que irse. Mas antes
de partir me espetó esto:

— Ya sabrá usted, por supuesto, lo de Don Sandalio ...

— No; ¿qué?

— Pues que le han metido ya en la cárcel.

— ¡En la cárcel! — exclamé como fulminado.

— Pues claro, ¡en la cárcel! Ya comprenderá usted ... —
comenzó.

Y yo atajándole:

¡No, no comprendo nada!

Me levanté, y casi sin despedirme de él me salí del Casino.

'¡En la cárcel — me iba diciendo —, en la cárcel! ¿Por
qué?' Y, en último caso, ¿qué me importa? Lo mismo que
no quise saber lo de su hijo, cuando se le murió éste, no quiero
saber por qué le han metido en la cárcel. Nada me importa
de ello. Y acaso a él no le importe mucho más si es como yo
me le figuro, como yo me le tengo hecho, acá para mí. Mas,
a pesar de todo, este suceso imprevisto cambiaba totalmente
el giro de mi vida íntima.[95] ¿Con quién, en adelante, voy a
echar mi partida de ajedrez, huyendo de la incurable tontería
de los hombres?

A ratos pienso averiguar si es que está o no incomunicado,
y si no lo está y se me permite comunicarme con él, ir a la
cárcel y pedir permiso para hacerle a diario la partida, claro

---

[93] Endnote V.
[94] *I was very restive* (or *I couldn't sit still*).
[95] *gave an entirely new direction to my private life.*

que sin inquirir por qué le han metido allí ni hablar de ello. Aunque, ¿sé yo acaso si no echa a diario su partida con alguno de los carceleros?

Como puedes figurarte, todo esto ha trastornado todos los planes de mi soledad.

16

28 octubre

Huyendo del Casino, huyendo de la villa, huyendo de la sociedad humana que inventa cárceles, me he ido por el monte, lo más lejos posible de la carretera. Y lejos de la carretera, porque esos pobres árboles anunciadores me parecen también presos, u hospicianos, que es casi igual, y todas esas vallas en que se anuncian toda clase de productos − algunos de maquinaria agrícola; otros, los más, de licores o de pneumáticos para automóviles de los que van huyendo de todas partes −, todo ello me recuerda a la sociedad humana que no puede vivir sin bretes, esposas, grillos, cadenas, rejas y calabozos. Y observa de paso que a algunos de esos instrumentos de tortura se les llama esposas y grillos. ¡Pobres grillos!, ¡pobres esposas![96]

He ido por el monte, saliéndome de los senderos trillados por pies de hombres, evitando, en lo posible, las huellas de éstos, pisando sobre hojas secas − empiezan ya a caer −, y me he ido hasta las ruinas de aquel viejo caserío de que ya te dije, al resto de cuya chimenea de hogar enhollinada abriga hoy el follaje de la hiedra en que anidan los pájaros del campo. ¡Quién sabe si cuando el caserío estuvo vivo, cuando

[96] Endnote W.

en él chisporroteaba la leña del hogar y en éste hervía el puchero de la familia, no había allí cerca alguna jaula en que de tiempo en tiempo cantaba un jilguero prisionero!

Me he sentado allí, en las ruinas del caserío, sobre una piedra sillar, y me he puesto a pensar si Don Sandalio ha tenido hogar, si era hogar la casa en que vivía con el hijo que se le murió, qué sé yo si con alguno más, acaso con mujer. ¿La tenía? ¿Es viudo? ¿Es casado? Pero después de todo, ¿a mí qué me importa?, ¿a qué proponerme estos enigmas que no son más que problemas de ajedrez y de los que no me ofrece el juego de mi vida?

¡Ah, que no me los ofrece …! Tú sabes, mi Felipe, que yo sí que no tengo, hace ya años, hogar, que mi hogar se deshizo, y que hasta el hollín de su chimenea se ha desvanecido en el aire, tú sabes que a esa pérdida de mi hogar se debe la agrura con que me hiere la tontería humana. Un solitario fue Robinsón Crusoe, un solitario fue Gustavo Flaubert, que no podía tolerar la tontería humana, un solitario me parece Don Sandalio, y un solitario soy yo. Y todo solitario, Felipe, mi Felipe, es un preso, es un encarcelado, aunque ande libre.

¿Qué hará Don Sandalio, más solitario aún, en la celda de su prisión? ¿Se habrá resignado ya y habrá pedido un tablero de ajedrez y un librito de problemas para ponerse a resolverlos? ¿O se habrá puesto a inventar problemas? De lo que apenas me cabe duda, o yo me equivoco mucho respecto a su carácter − y no cabe que me equivoque en mi Don Sandalio − , es de que no se le da un bledo[97] del problema o de los problemas que le plantee el juez con sus indagatorias.

Y ¿qué haré yo mientras Don Sandalio siga en la cárcel de esta villa, a la que vine a refugiarme de la incurable persecución de mi antropofobia? ¿Qué haré yo en este rincón de costa y

---

[97] *he doesn't care a fig.*

de montaña si me quitan a mi Don Sandalio, que era lo que me ataba a esa humanidad que tanto me atrae a la vez que tanto me repele? Y si Don Sandalio sale de la cárcel y vuelve al Casino y en el Casino al ajedrez − ¿qué va a hacer si no? − , ¿cómo voy a jugar con él, ni cómo voy siquiera a poder mirarle a la cara sabiendo que ha estado encarcelado y sin saber por qué? No, no; a Don Sandalio, a mi Don Sandalio, le han matado con eso de haberle encarcelado. Presiento que ya no va a salir de la cárcel. ¿Va a salir de ella para ser el resto de su vida un problema?, ¿un problema suelto? ¡Imposible!

No sabes, Felipe, en qué estado de ánimo dejé las ruinas del viejo caserío. Iba pensando que acaso me convendría hacer construir en ellas una celda de prisión, una especie de calabozo, y encerrarme allí. O ¿no será mejor que me lleven, como a Don Quijote, en una jaula de madera, en un carro de bueyes, viendo al pasar el campo abierto en que se mueven los hombres cuerdos que se creen libres? O los hombres libres que se creen cuerdos, y es lo mismo en el fondo. ¡Don Quijote! ¡Otro solitario como Robinsón y como Bouvard y como Pécuchet, otro solitario, a quien un grave eclesiástico, henchido de toda la tontería de los hombres cuerdos, le llamó Don Tonto, le diputó mentecato y le echó en cara sandeces y vaciedades![98]

Y respecto a Don Quijote, he de decirte, para terminar de una vez este desahogo de carta, que yo me figuro que no se murió tan a seguido de retirarse a su hogar después de vencido en Barcelona por Sansón Carrasco,[99] sino que vivió algún tiempo para purgar su generosa, su santa locura, con el tropel de gentes que iban a buscarle en demanda de su ayuda para

---

[98] *labelled him a brainless fool and made stupid and meaningless accusations against him* (the reference is to an episode in *Don Quixote*).

[99] Character from Cervantes's novel who defeated Don Quixote in knightly combat.

que les acorriese en sus cuitas y les enderezase sus tuertos,
y cuando se les negaba se ponían a increparle y a acusarle de
farsante o de traidor. Y al salir de su casa, se decían: '¡Se ha
rajado!' Y otro tormento aun mayor que se le cayó encima
debió de ser la nube de reporteros que iban a someterle a
interrogatorios o, como han dado en decir ahora, encuestas.
Y hasta me figuro que alguien le fue con esta pregunta: '¿A
qué se debe, caballero, su celebridad?'

   Y basta, basta, basta. ¡Es insondable la tontería humana!

17

30 octubre
Los sucesos imprevistos y maravillosos vienen, como las
desgracias, a ventregadas, según dice la gente de los campos.
¿A que no te figuras lo último que me ha ocurido? Pues que
el juez me ha llamado a declarar. 'A declarar … ¿qué?', te
preguntarás. Y es lo mismo que yo me pregunto: 'A declarar
… ¿qué?'

   Me llamó, me hizo jurar o prometer por mi honor que diría
la verdad en lo que supiere y fuere preguntado, y a seguida me
preguntó si conocía y desde cuándo le conocía a Don Sandalio
Cuadrado y Redondo. Le expliqué cuál era mi conocimiento
con él, que yo no conocía más que al ajedrecista, que no tenía
la menor noticia de su vida. A pesar de lo cual, el juez se
empeñó en sonsacarme lo insonsacable[100] y me preguntó si
le había oído alguna vez algo referente a sus relaciones con su
yerno. Tuve que contestarle que ignoraba que Don Sandalio
tuviese o hubiese tenido una hija casada, así como ignoraba

---

[100] *the judge was bent on educing the ineducible from me.*

hasta aquel momento que se apellidase, de una manera contradictoria, Cuadrado y Redondo.

— Pues él, Don Sandalio, según su yerno, que es quien ha indicado que se le llame a usted a declarar, hablaba alguna vez, en su casa, de usted — me ha dicho el juez.

— ¿De mí? — le he contestado todo sorprendido y casi fulminado. ¡Pero si me parece que ni sabe cómo me llamo!, ¡si apenas existo yo para él!

— Se equivoca usted, señor mío; según su yerno ...

— Pues le aseguro, señor juez — le he dicho — , que no sé de Don Sandalio nada más que lo que le he dicho, y que no quiero saber más.

El juez parece que se ha convencido de mi veracidad y me ha dejado ir sin más enquisa.

Y aquí me tienes todo confuso por lo que se está haciendo mi Don Sandalio. ¿Volveré al Casino? ¿Volveré a que me hieran astillas de las conversaciones que sostienen aquellos socios que tan fielmente me representan a la humanidad media, al término medio de la humanidad? Te digo, Felipe, que no sé qué hacer.

18

4 noviembre

¡Y ahora llega, Felipe, lo más extraordinario, lo más fulminante! Y es que Don Sandalio ... se ha muerto en la cárcel. Ni sé bien cómo lo he sabido. Lo he oído acaso en el Casino, donde comentaban esa muerte. Y yo, huyendo de los comentarios, he huido del Casino yéndome al monte. Iba como sonámbulo; no sabía lo que me pasaba. Y he llegado al roble, a mi viejo roble, y como empezaba a lloviznar me he refugiado en sus abiertas entrañas. Me he metido allí,

acurrucado, como estaría Diógenes en su tonel, en la ancha
herida, y me he puesto a … soñar mientras el viento arremo-
linaba los hojas secas a mis pies y a los del roble.

¿Qué me ha ocurrido allí? ¿Por qué de pronto me ha
invadido una negra congoja y me he puesto a llorar, así como
lo oyes, Felipe, a llorar la muerte de mi Don Sandalio? Sentía
dentro de mí un vacío inmenso. Aquel hombre a quien no le
interesaban los problemas forjados sistemáticamente, los
problemas que traen los periódicos en la sección de jeroglíficos,
logogrifos, charadas y congéneres, aquel hombre a quien se
le había muerto un hijo, que tenía o había tenido una hija
casada y un yerno, aquel hombre a quien le habían metido
en la cárcel y en la cárcel se había muerto, aquel hombre se
me había muerto a mí. Ya no le oiría callar mientras jugaba,
ya no oiría su silencio. Silencio realzado por aquella única
palabra que pronunciaba, litúrgicamente, alguna vez, y era:
'¡jaque!' Y no pocas veces hasta la callaba,[101] pues si se veía
el jaque, ¿para qué anunciarlo de palabra?

Y aquel hombre hablaba alguna vez de mí en su casa, según
su yerno. ¡Imposible! El tal yerno tiene que ser un impostor.
¡Qué iba a hablar de mí[102] si no me conocía! ¡Si apenas me
oyó cuatro palabras! ¡Como no fuera que me inventó como
yo me dedicaba a inventarlo! ¿Haría él conmigo algo de lo
que hacía yo con él?

El yerno es, de seguro, el que hizo que le metieran en la
cárcel.[103] ¿Pero para qué? No me pregunto '¿por qué?',
sino '¿para qué?' Porque en esto de la cárcel lo que importa
no es la causa, sino la finalidad. ¿Y para qué hizo que el juez

---

[101] *And not a few times he did not even utter it.*

[102] *How on earth was he going to talk of me?* (or *How could he possibly
talk of me?*).

[103] *the one responsible for getting him put in gaol.*

me llamase a declarar a mí?, ¿a mí?, ¿como testigo de descargo acaso? ¿Pero descargo de qué? ¿De qué se le acusaba a Don Sandalio? ¿Es posible que Don Sandalio, mi Don Sandalio, hiciese algo merecedor de que se le encarcelase? ¡Un ajedrecista silencioso! El ajedrez tomado así como lo tomaba mi Don Sandalio, con religiosidad, le pone a uno más allá del bien y del mal.

Pero ahora me acuerdo de aquellas solemnes y parcas palabras de Don Sandalio cuando me dijo: '¿Problemas? No me importan los problemas; basta con los que el juego mismo nos ofrece sin ir más a buscarlos.' ¿Le habría llevado a la cárcel alguno de esos problemas que nos ofrece el juego de la vida? ¿Pero es que mi Don Sandalio vivió? Pues que ha muerto, claro es que vivió. Mas llego a las veces a dudar de que se haya muerto.[104] Un Don Sandalio así no puede morirse, no puede hacer tan mala jugada. Hasta eso de hacer como que se muere en la cárcel me parece un truco. Ha querido encarcelar a la muerte. ¿Resucitará?

19

6 noviembre

Me voy convenciendo poco a poco − ¿y qué remedio? − de la muerte de Don Sandalio, pero no quiero volver al Casino, no quiero verme envuelto en aquel zumbante oleaje de tontería mansa − y la mansa es la peor −, en aquella tontería societaria humana, ¡figúrate!, la tontería que les hace asociarse a los hombres los unos con los otros. No quiero oírles comentar la muerte misteriosa de Don Sandalio en la

---

[104] *Yet at times I come to doubt that he has died.*

cárcel. ¿Aunque para ellos hay misterio? Los más se mueren sin darse cuenta de ello, y algunos reservan para última hora sus mayores tonterías, que se las trasmiten en forma de consejos testamentarios a sus hijos y herederos. Sus hijos no son más que sus herederos; carecen de vida íntima, carecen de hogar.

Jugadores de tresillo, de tute, de mus, jugadores también de ajedrez, pero con tarareos y estribillos y sin religiosidad alguna. No más que mirones aburridos.

¿Quién inventó los Casinos? Al fin los cafés públicos, sobre todo cuando no se juega en ellos, cuando no se oye el traqueteo del dominó sobre todo, cuando se da libre curso a la charla suelta y pasajera, sin taquígrafos,[105] son más tolerables. Hasta son refrescantes para el ánimo. La tontería humana se depura y afina en ellos porque se ríe de sí misma, y la tontería cuando da en reírse de sí deja de ser tal tontería. El chiste, el camelo, la pega, la redimen.

¡Pero esos Casinos con su reglamento, en el que suele haber aquel infamante artículo de 'se prohiben las discusiones de religión y de política' – ¿y de qué van a discutir? –, y con su biblioteca más demoralizadora aun que la llamada sala del crimen! ¡Esa biblioteca, que alguna vez se le enseña al forastero, y en la que no falta el Diccionario de la Real Academia Española para resolver las disputas, con apuesta, sobre el valor de una palabra y si está mejor dicha así o del otro modo …! Mientras que en el café …

Mas no temas, querido Felipe, que me vaya ahora a refugiar, para consolarme de la muerte de Don Sandalio, en alguno de los cafés de la villa, no. Apenas si he entrado en alguno de ellos. Una vez, a tomar un refresco, en uno que

---

[105] lit. *stenographer*, i.e. conversation that flows normally, rather than in sharp bursts as during table games.

estaba a aquella hora solitario. Había grandes espejos, algo opacos, unos frente a otros, y yo entre ellos me veía varias veces reproducido, cuanto más lejos más brumoso, perdiéndome en lejanías como de triste ensueño. ¡Qué monasterio de solitarios el que formábamos todas las imágenes aquellas, todas aquellas copias de un original! Empezaba ya a desasosegarme esto cuando entró otro prójimo en el local, y al ver cruzar por el vasto campo de aquel ensueño todas sus reproducciones, todos sus repetidos, me salí huido.

Y ahora voy a contarte lo que me pasó una vez en un café de Madrid, en el cual estaba yo soñando como de costumbre cuando entraron cuatro chulos que se pusieron a discutir de toros. Y a mí me divertía oírles discutir, no lo que habían visto en la plaza de toros, sino lo que habían leído en las revistas taurinas de los periódicos. En esto entró un sujeto que se puso allí cerca, pidió café, sacó un cuadernillo y empezó a tomar notas en él. No bien le vieron los chulos,[106] parecieron recobrarse, cesaron en su discusión, y uno de ellos, en voz alta y con cierto tono de desafío, empezó a decir: '¿Sabéis lo que os digo? Pues que ese tío que se ha puesto ahí con su cuadernillo y como a tomar la cuenta de la patrona,[107] es uno de esos que vienen por los cafés a oír lo que decimos y a sacarnos luego en los papeles ... ¡Que le saque a su abuela!' Y por este tono, y con impertinencias mayores, la emprendieron los cuatro con el pobre hombre − acaso no era más que un revistero de toros −, de tal manera que tuvo que salirse. Y si es que en vez de revistero de toros era uno de esos noveladores de novelas realistas o de costumbrismo,[108]

---

[106] *no sooner had the dandies seen him.*

[107] *as if to tot up the landlady's bill*; an ironic or sneering comment since the man with the note-book is in fact the client.

[108] *Costumbrismo* was a style of novel-writing that relied heavily on the depiction of local customs and colour.

que iba allí a documentarse, entonces tuvo bien merecida la lección que le dieron.

No, yo no voy a ningún café a documentarme; a lo más, a buscar una sala de espejos en que nos juntemos, silenciosamente y a distancia, unas cuantas sombras humanas que van esfumándose a lo lejos. Ni vuelvo al Casino; no, no vuelvo a él.

Podrás decirme que también el Casino es una especie de galería de espejos empañados, que también en él nos vemos, pero... Recuerda lo que tantas veces hemos comentado de Píndaro,[109] el que dijo lo de: '¡hazte el que eres!', pero dijo también − y en relación con ello − lo de que el hombre es 'sueño de una sombra'. Pues bién: los socios del Casino no son sueños de sombras, sino que son sombras de sueños, que no es lo mismo. Y si Don Sandalio me atrajo allí fue porque le sentí soñar, soñaba el ajedrez, mientras que los otros ... Los otros son sombras de sueños míos.

No, no vuelvo al Casino; no vuelvo a él. El que no se vuelve loco entre tantos tontos es más tonto que ellos.

20

10 noviembre

Todos estos días he andado más huido aún de la gente, con más hondo temor de oír sus tonterías. De la playa al monte y del monte a la playa, de ver rodar las olas a ver rodar las hojas por el suelo. Y alguna vez también a ver rodar las hojas a las olas.

Hasta que ayer, pásmate, Felipe, ¿quién crees que se me

---

[109] Pindar, Greek poet of the fifth century B.C.

presentó en el hotel pretendiendo tener una conferencia conmigo? Pues nada menos que el yerno de Don Sandalio.

— Vengo a verle — empezó diciéndome — para ponerle al corriente de la historia de mi pobre suegro ...

— No siga usted — le interrumpí — , no siga usted. No quiero saber nada de lo que usted va a decirme, no me interesa nada de lo que usted pueda decirme de Don Sandalio. No me importan las historias ajenas, no quiero meterme en las vidas do los demás ...

— Pero es que como yo le oía hablar tanto a mi suegro de usted ...

— ¿De mí?, ¿y a su suegro? Pero si su suegro apenas me conocía ..., si Don Sandalio acaso ni sabía mi nombre ...

— Se equivoca usted.

— Pues si me equivoco, prefiero equivocarme. Y me choca que Don Sandalio hablase de mí, porque Don Sandalio no hablaba de nadie ni apenas de nada.

— Eso era fuera de casa.

— Pues de lo que hablase dentro de casa no se me da un pitoche.[110]

— Yo creí, señor mío — me dijo entonces — , que había usted cobrado algún apego, acaso algún cariño, a don Sandalio ...

— Sí — le interrumpí vivamente — , pero a mi Don Sandalio, ¿lo entiende usted?, al mío, al que jugaba conmigo silenciosamente al ajedrez, y no al de usted, no a su suegro. Podrán interesarme los ajedrecistas silenciosos, pero los suegros no me interesan nada. Por lo que le ruego que no insista en colocarme la historia de su Don Sandalio, que la del mío me la sé yo mejor que usted.

— Pero al menos — me replicó — consentirá usted a un joven que le pida un consejo ...

---

[110] *I don't care a fig* (literally a penny whistle).

– ¿Consejos?, ¿consejos yo? No, yo no puedo aconsejar nada a nadie.

– De modo que se niega …

– Me niego redondamente a saber nada más de lo que usted pueda contarme. Me basta con lo que yo me invento.

Me miró el yerno de una manera no muy diferente a como me miraba su suegro cuando le hablé del obispo loco, del alfil de marcha soslayada, y encogiéndose de hombros se me despidió y salióse de mi cuarto. Y yo me quedé pensando si acaso Don Sandalio comentaría en su casa, ante su hija y su yerno, aquella mi disertación sobre el elefantino obispo loco del ajedrez. Quien sabe …

Y ahora me dispongo a salir de esta villa, a dejar este rincón costero y montañés. Aunque ¿podré dejarlo?, ¿no quedo sujeto a él por el recuerdo de Don Sandalio sobre todo? No, no, no puedo salir de aquí.

21

15 noviembre

Ahora empiezo a hacer memoria, empiezo a remembrar y a reconstruir ciertos oscuros ensueños que se me cruzaron en el camino, sombras que no pasan por delante o por el lado, desvanecidas y como si pasasen por una galería de espejos empañados. Alguna vez, al volver de noche a mi casa, me crucé en el camino con una sombra humana que se proyectó sobre lo más hondo de mi conciencia, entonces como adormilada, que me produjo una extraña sensación y que al pasar a mi lado bajó la cabeza así como si evitara el que yo le reconociese. Y he dado en pensar si es que acaso no era Don Sandalio, pero otro Don Sandalio, el que yo no conocía, el no ajedrecista, el del hijo que se le murió, el del yerno, el que hablaba, según éste, de mí en su casa, el que se murió en la cárcel. Quería sin duda escapárseme, huía de que yo le reconociera.

¿Pero es que cuando así me crucé, o se me figura ahora que me crucé, con aquella sombra humana, de espejo empañado, que hoy, a la distancia en el pasado, se me hace misteriosa, iba yo despierto, o dormido? ¿O es que ahora se me presentan como recuerdos de cosas pasadas — yo creo, ya sabes, y vaya de paradoja, que hay recuerdos de cosas futuras como hay esperanzas de cosas pasadas, y esto es la añoranza — figuraciones que acabo de hacerme? Porque he de confesarte, Felipe mío, que cada día me forjo nuevos recuerdos, estoy inventando lo que me pasó y lo que pasó por delante de mí. Y te aseguro que no creo que nadie pueda estar seguro de qué es lo que le ocurrió y qué es lo que está de continuo inventando que le había ocurrido. Y ahora yo, sobre la muerte de Don Sandalio, me temo que estoy formando otro Don Sandalio. Pero ¿me temo?, ¿temer?, ¿por qué?

Aquella sombra que se me figura ahora, a trasmano, a redrotiempo, que vi cruzar por la calle con la cabeza baja — ¿la suya o la mía? —, ¿sería la de Don Sandalio que venía de topar con uno de esos problemas que nos ofrece traidoramente el juego de la vida, acaso con el problema que le llevó a la cárcel y en la cárcel a la muerte?

22

20 noviembre

No, no te canses, Felipe; es inútil que insistas en ello. No estoy dispuesto a ponerme a buscar noticias de la vida familiar e íntima de Don Sandalio, no he de ir a buscar a su yerno para informarme de por qué y cómo fue a parar[111] su suegro a la cárcel ni de por qué y cómo se murió en ella. No me interesa su historia, me basta con su novela. Y en cuanto a ésta, la cuestión es soñarla.

Y en cuanto a esa indicación que me haces de que averigüe siquiera cómo es o cómo fue la hija de Don Sandalio — cómo fue si el yerno de éste está viudo por haberse muerto la tal hija — y cómo se casó, no esperes de mí tal cosa. Te veo venir, Felipe, te veo venir.[112] Tú has echado de menos en toda esta mi correspondencia una figura de mujer y ahora te figuras que la novela que estás buscando, la novela que quieres que yo te sirva, empezará a cuajar en cuanto surja ella. ¡Ella! ¡La ella del viejo cuento! Sí, ya sé, "¡buscad a ella!" Pero yo no pienso buscar ni a la hija de Don Sandalio ni a otra ella que con él pueda tener relación. Yo me figuro que para Don Sandalio no hubo otra ella que la reina del ajedrez, esa reina que marcha derecha, como una torre, de blanco en negro y de negro en blanco y a la vez de sesgo como un obispo loco y elefantino, de blanco en blanco o de negro en negro; esa reina que domina el tablero, pero a cuya dignidad e imperio puede llegar, cambiando de sexo, un triste peón.[113] Ésta creo que fue la única reina de sus pensamientos.

No sé qué escritor de esos obstinados por el problema del sexo dijo que la mujer es una esfinge sin enigma. Puede ser; pero el problema más hondo de la novela, o sea del juego de nuestra vida, no está en cuestión sexual, como no está en cuestión de estómago. El problema más hondo de nuestra novela, de la tuya, Felipe, de la mía, de la de Don Sandalio, es un problema de personalidad, de ser o no ser, y no de comer o no comer, de amar o de ser amado; nuestra novela, la de cada uno

[111] *ended up in.*

[112] *I can see what's in your mind.*

[113] A reference to the chess rule which allows a pawn to become a queen on reaching the opponent's back rank.

de nosotros, es si somos más que ajedrecistas, o tresillistas, o tutistas, o casineros, o ... la profesión, oficio, religión o deporte que quieras, y esta novela se la dejo a cada cual que se la sueñe como mejor le aproveche,[114] le distraiga o le consuele. Puede ser que haya esfinges sin enigma — y éstas son las novelas de que gustan los casineros —, pero hay también enigmas sin esfinge. La reina del ajedrez no tiene el busto, los senos, el rostro de mujer de la esfinge que se asienta al sol entre las arenas del desierto, pero tiene su enigma. La hija de Don Sandalio puede ser que fuese esfíngica y el origen de su tragedia íntima, pero no creo que fuese enigmática, y en cambio la reina de sus pensamientos era enigmática aunque no esfíngica; la reina de sus pensamientos no se estaba asentada al sol entre las arenas del desierto, sino que recorría el tablero, de cabo a cabo, ya derechamente, ya de sesgo. ¿Quieres más novela que ésta?

23

28 noviembre

¡Y dale con la colorada![115] Ahora te me vienes con eso de que escriba por lo menos la novela de Don Sandalio el ajedrecista. Escríbela tú si quieres. Ahí tienes todos los datos, porque no hay más que los que yo te he dado en estas mis cartas. Si te hacen falta otros, invéntalos recordando lo de nuestro Pepe *el Gallego*. Aunque, en todo caso, ¿para qué quieres más novela que la que te he contado? En ella está todo. Y al que no le baste con ello, que añada de su cosecha

---

[114] *in the way that is best for him.*

[115] *You won't take no for an answer, will you!* (or *You never give up, do you?*).

lo que necesite. En esta mi correspondencia contigo está toda mi novela del ajedrecista, toda la novela de mi ajedrecista. Y para mí no hay otra.

¿Que te quedas con la gana de más, de otra cosa? Pues, mira, busca en esa ciudad en que vives un café solitario — mejor en los arrabales —, pero un café de espejos, enfrentados y empañados, y ponte en medio de ellos y échate a soñar. Y a dialogar contigo mismo. Y es casi seguro que acabarás por dar con tu Don Sandalio. ¿Que no es el mío? ¡Y qué más da! ¿Que no es ajedrecista? Sería billarista o futbolista o lo que fuere. O será novelista. Y tú mismo mientras así le sueñes y con él dialogues te harás novelista. Hazte, pues, Felipe mío, novelista y no tendrás que pedir novelas a los demás. Un novelista no debe leer novelas ajenas, aunque otra cosa diga Blasco Ibáñez,[116] que asegura que él apenas lee más que novelas.

Y si es terrible caer como en profesión en fabricante de novelas, mucho más terrible es caer como en profesión en lector de ellas. Y créeme que no habría fábricas, como esas americanas, en que se producen artículos en serie,[117] si no hubiese una clientela que consume los artículos seriados, los productos con marca de fábrica.

Y ahora, para no tener que seguir escribiéndote y para huir de una vez de este rincón donde me persigue la sombra enigmática de Don Sandalio el ajedrecista, mañana mismo salgo de aquí y voy a ésa para que continuemos de palabra este diálogo sobre su novela.

Hasta pronto, pues, y te abraza por escrito tu amigo.

---

[116] A popular novelist, contemporary of Unamuno, but who adhered to a traditional approach to novel-writing very different from Unamuno's.

[117] *mass-produced articles.*

EPÍLOGO

He vuelto a repasar esta correspondencia que me envió un lector desconocido, la he vuelto a leer una y más veces, y cuanto más la leo y la estudio más me va ganando una sospecha, y es que se trata, siquiera en parte, de una ficción para colocar una especie de autobiografía amañada. O sea que el Don Sandalio es el mismo autor de las cartas, que se ha puesto fuera de sí para mejor representarse y a la vez disfrazarse y ocultar su verdad. Claro está que no ha podido contar lo de su muerte y la conversación de su yerno con el supuesto corresponsal de Felipe, o sea consigo mismo, pero esto no es más que un truco novelístico.[118]

¿O no será acaso que el Don Sandalio, el mi Don Sandalio, *del epistolero, no es otro que el* mi querido Felipe *mismo? ¿Será todo ello una autobiografía novelada del Felipe destinatario de las cartas y al parecer mi desconocido lector mismo? ¡El autor de la cartas! ¡Felipe! ¡Don Sandalio el ajedrecista! ¡Figuras todas de una galería de espejos empañados!*

Sabido es, por lo demás, que toda biografía, histórica o novelesca − que para el caso el igual −, es siempre autobiográfica, que todo autor que supone hablar de otro no habla en realidad más que de sí mismo y, por muy diferente que este sí mismo sea de él propio, de él tal cual se cree ser. Los más grandes historiadores son los novelistas, los que más se meten a sí mismos en sus historias, en las historias que inventan.[119]

Y por otra parte, toda autobiografía es nada menos que una novela. Novela las Confesiones, *desde San Agustín, y novela las de Juan Jacobo Rousseau y novela el* Poesía y Verdad, *de Goethe, aunque éste, ya al darle el título que les*

---

[118] Endnote X.
[119] Endnote Y.

dio a sus Memorias, *vio con toda su olímpica clarividencia que no hay más verdad verdadera que la poética, que no hay más verdadera historia que la novela.*

Todo poeta, todo creador, todo novelador − novelar es crear −, al crear personajes se está creando a sí mismo, y si le nacen muertos es que él vive muerto. Todo poeta, digo, todo creador, incluso el Supremo Poeta, el Eterno Poeta, incluso Dios, que al crear la Creación, el Universo, al estarlo creando de continuo, poematizándolo, no hace sino estarse creando a Sí mismo en su Poema, en su Divina Novela.

Por todo lo cual, y por mucho más que me callo, nadie me quitará de la cabeza que el autor de estas cartas en que se nos narra la biografía de Don Sandalio, el jugador de ajedrez, es el mismo Don Sandalio, aunque para despistarnos nos hable de su propia muerte y de algo que poco después de ella pasó.

No faltará, a pesar de todo, algún lector materialista, de esos a quienes les falta tiempo material − ¡tiempo material!, ¡qué expresión tan reveladora! − para bucear en los más hondos problemas del juego de la vida, que opine que yo debí, con los datos de estas cartas, escribir la novela de Don Sandalio, inventar la resolución del problema misterioso de su vida y hacer así una novela, lo que se llama una novela. Pero yo, que vivo en un tiempo espiritual, me he propuesto escribir la novela de una novela − que es algo así como sombra de una sombra −, no la novela de un novelista, no, sino la novela de una novela, y escribirla para mis lectores, para los lectores que yo me he hecho a la vez que ellos me han hecho a mí. Otra cosa ni me interesa mucho ni les interesa mucho a mis lectores, a los míos. Mis lectores, los míos, no buscan el mundo coherente de las novelas llamadas realistas − ¿no es verdad, lectores míos? −; mis lectores, los míos, saben que un argumento no es más que un pretexto para una novela, y que queda, ésta, la novela, toda entera, y más pura, más interesante, más novelesca, si se le quita el argumento. Por lo demas, yo ya ni necesito que mis lectores — como el desconocido que me proporcionó las cartas de Felipe —, los míos, me proporcionen argumentos para que yo les dé las novelas. Prefiero, y estoy seguro de que ellos han de preferirlo, que les dé yo las novelas y ellos les pongan argumentos. No son mis lectores de los que al ir a oír una ópera o ver una película de cine — sonoro o no — compran antes el argumento para saber a qué atenerse.[120]

Salamanca, diciembre 1930

[120] *to find out where they stand* (or *to find out what to expect*) (see Endnote Z).

ENDNOTES

A. The name of the diocese, Renada, emphasizes the unreality of the place, and may even add negative connotations to the theme around which the story revolves: the Bishop's gesture is devoid of transcendence in an unreal world.

B. In the Catholic Church beatification is the name given to the papal decree which permits a specified diocese, or region, or religious order to venerate with public cult a person who has acquired a reputation for holiness. As well as witnesses' testimony to the subject's exceptional virtue, evidence of two miracles is required (except in the case of martyrs). Beatification is a necessary step in the process of canonization. The bishop of the diocese where the person died is usually the one who institutes the process. A tribunal is established to interrogate witnesses and gather evidence of sanctity in the subject's life and purity of doctrine in his teachings and writings. The positive evidence is contested by the general promoter of the faith, whose function is to raise objections to the arguments in favour of beatification. The relevance of this to Unamuno's novel will become apparent later. (A more detailed description of the beatification process may be found in the *New Catholic Encyclopaedia*, vol. III (London, 1967), pp. 55-9.)

C. The whole of this paragraph is worthy of note, for it clearly shows the curious mix of religious and romantic associations in the narrator's mind. Ángela remembers the mystical raptures of her schoolfriend as well as the latter's jealousy of her because she – Ángela – had access to Don Manuel. The anecdote tells us nothing about the priest but allows us to infer quite a lot about Ángela, which indicates that Unamuno attaches particular importance to the role played by the narrator's personality in the story. Ángela's possessiveness about Don Manuel and the nature of her attachment to him – part romantic, part religious – become apparent right from the start of her account.

D. The feast of St John the Baptist, 24 June, has pagan associations which acquired a veneer of Christianity when the Church decreed that St John's birth should be celebrated on that date: the evening of the 23 June is the third of the three nights associated with the ancient celebration of the summer solstice (hence the phrase 'la más breve del año'), and for centuries it used to be the custom in Spain, and throughout Europe, to go out into the countryside and light bonfires around which dancing took place, and to pick certain plants which acquired magical powers during that night. The superstitious beliefs and practices associated with the eve of St John are legion, but perhaps most relevant here is that associated with the purifying and curative properties said to be acquired by the dew of that night or by other natural sources of water.

E. This whole paragraph is pregnant with meaning and with implication. 'La noche de San Juan' is once again associated, via the legend, with the lake, but also this time with the communion of saints, the doctrine according to which all members of the Church, those militant on Earth, those suffering in Purgatory, and those triumphant in Heaven are united in the mystical body of Christ. But the implication of what Ángela is saying is that in Don Manuel's view of things the dead can only come alive in the living, that is, that there is no resurrection: those bells that she associates with Don Manuel's silence announce that in his Church the existence of those departed is solely a thing of the past, an existence in legend, in tradition. (It is a notion that Ángela repeats later in her account). While Don Manuel cannot bring himself to recite the closing words of the Creed (*I believe in the resurrection of the flesh and life everlasting*), his people do it for him. The paragraph ends with an oblique reference to Moses leading the Jews out of bondage but prevented by death from reaching the promised land, which implicitly reinforces the idea that Don Manuel encourages an expectation in his people which he himself does not share (and indeed this will become explicit in a later reference to Moses). Thus the communion of saints that Ángela is associating with Don Manuel's Church is a purely human, not divine, one. From an orthodox point of view it is a heretical notion, and although Ángela may be putting the emphasis on Don Manuel's heartbreaking inability to believe in the resurrection, the statement is nevertheless ambiguous enough to work both ways.

F. The cock crowing is a symbol of betrayal. After Christ's arrest, St Peter's vehement denial of all knowledge of Christ was marked by the cock crowing, as Christ had foretold. In Ángela's narration, the reference to a cock crowing is a deliberate act, and it is meaningful only as a symbol. It is an indication that the narrator, at the time of narrating, is still troubled by what she regards as deception on the part of Lázaro and Don Manuel.

G. The entire passage from 'Y ¿por qué no te casas, Angelina?' to the end of the chapter is an excellent example of the way Unamuno manipulates his narrator so that she subconsciously suggests much more than she consciously says. Ángela does not say why she cannot marry but simply assumes that Don Manuel accepts her situation. When Don Manuel insists that marriage would be the solution to her troubles and that he will find her a fiancé, Ángela reacts angrily. The implication is clear: Don Manuel realizes what Ángela refuses to recognize, namely that the nature of her attachment is fundamentally sexual but is sublimated into a spiritual one. In the face of Ángela's rebuke and distress, Don Manuel backpedals and asks for forgiveness for his hurtful insinuation, a forgiveness which Ángela willingly grants, effecting a kind of lovers' reconciliation. Though the episode is in some measure clothed in religious language, Ángela betrays the hidden nature of her feelings by the use of words which have other associations. The word *penetrada* (where *invadida* or *imbuida* would have been more appropriate in a purely religious context) tells its own tale, but is in any case reinforced by the explicit 'se me estremecían las entrañas maternales'. Ángela does not write 'salí de la iglesia' but 'salimos de la iglesia', which recalls the public emergence of husband and wife together after the marriage ceremony. Thus, in reliving her association with the priest as she writes her memoir she gives away her unconscious fantasies and desires.

H. In her confusion Ángela asks whether she might not be possessed by the Devil. Oddly, the idea of being possessed is mentioned some half-a-dozen times during the course of Ángela's narration: twice Ángela refers to herself as *endemoniada* and three times she refers to others in the same terms, though from the reference in chapter 2 it is clear that she believes that those who are thought to be possessed by the Devil are simply suffering from mental illness. It would seem therefore as if Ángela were coming close to admitting to some kind of mental disorder or affliction.

I. For Don Manuel the six planks represent a bond with his people: in life he had shared the walnut tree with them and in death he wants to remain symbolically united to them, hence his wish to be buried in a coffin made of the planks from the wood of the tree. For Ángela, however, Don Manuel's wish represents a longing on his part to recover the strong and simple faith of infancy associated with the living tree, and the planks are therefore made into a symbol of lost faith: after his death Don Manuel will continue to sleep on those wooden planks which have been his bed for so long, thus emphasizing the process of the total abandonment of faith: from living tree to dead tree, to wooden planks, to coffin. This goes to show that Ángela does not stop at telling us the facts of Don Manuel's life but elaborates upon these facts and interprets them from her own highly personal point of view.

J. The dessicated carnation found in Don Manuel's breviary with a cross and a date ought to have a symbolical value, but it is not easy to decide what precisely it stands for. The conventional reading – that it is a record of Don Manuel's loss of faith a long time ago, the dessicated bloom symbolising the loss of illusions – is not entirely logical since one is hardly likely to lose one's faith on a specific date. A simpler explanation might be that this is a record of a gift of the breviary made to the priest by his widowed sister, perhaps at his ordination or at the time when he entered the seminary. It is also possible to read the symbol rather differently if we associate it with the narrator rather than with the priest: *clavellina* is a diminutive of *clavel*, and *clavel* is a flower popularly associated in song and folklore with romance, as well as being a conventional symbol of pure love in religious art. We have therefore a romantic as well as a religious association in this symbol, entirely as if Ángela were fantasizing about her own relationship with Don Manuel: the *clavellina desecada* would symbolize Ángela's infertile love, her withered romance.

K. This paragraph raises the basic question of Ángela's motives. In the previous paragraph she has given an apologia for Don Manuel, calling him and Lázaro believers in spite of themselves. Now in this paragraph she returns to Don Manuel's unbelief and labels his action a pious fraud. She then compares herself with her brother: they were both too intelligent to be deceived, she argues, so Don Manuel told them the truth, a truth which she herself has taken care not to allow others to glimpse. Yet far from hiding it, she is now proclaiming it in a written record. Ángela's inherently contradictory standpoint makes her say contradictory things about Don Manuel's and Lázaro's beliefs, but the key question is the one she asks at the end: not whether *they* were believers but whether *she* herself is one.

L. ... acometida de estos pensamientos extraños para los demás? ... *assailed by these thoughts which are alien to others?* Here Ángela acknowledges the subjectivity of her narration and virtually admits that she is the only one who interprets Don Manuel's life in the way she has just finished recounting. In this and the preceding paragraphs, as we near the end of the narration, we observe that the narrator is a person racked by doubts about her own beliefs and memories. The uncertainty of her state of mind might perhaps explain her references to being 'endemoniada' (see Endnote H).

M. It is important to note that Ángela's account ends where it begins: with the process for Don Manuel's beatification initiated by the Bishop. But Ángela refuses to tell him the 'tragic secret'; that secret she reserves for her own story.

N. Unamuno appears to be saying that Ángela's account of Don

Manuel has acquired a degree of reality that will surpass the reality of himself as author. Unamuno believed that a writer's creations eventually became as real as or even more real than the writer himself because the readers infused life into those creations. Ángela has brought Don Manuel alive, has given him a kind of reality, which Unamuno accepts as the same kind of reality that his own readers will give him.

O. This cryptic paragraph is the most crucial one in the epilogue. For here Unamuno, employing the analogy of the canonical process of beatification (see Endnote B), which is what prompts Ángela to write down her own counter-version of the priest's story in the first place, is equating Ángela's role with that of the general promoter of the faith whose job it is to contest the evidence that favours beatification. (A more detailed interpretation of this paragraph is offered in the Introduction.)

P. Unamuno believed that the Gospels were not simple records of fact but personal records of the evangelists' own subjective and imaginative experiences, and as such were more authentic and heart-felt than mere chronicles. Ángela, a modern evangelist telling the story of a modern Christ, does not record an objective truth but *her* truth, her interpretation, her vision.

Q. A play on the word *pasar*, which means to happen and also to pass away, and on the word *quedarse*, which means to stay or remain. Unamuno is hoping that his story, in which nothing comes to pass, will not pass away. The idea of living on in other people through the medium of his works was close to Unamuno's heart. Don Manuel, too, through the lasting impact of his works, lives on in the minds of his people.

R. There appears to be something of a contradiction here since Don Sandalio is not typical of the average casino-goer. What attracts the letter-writer to Don Sandalio is precisely the fact that he is different: quiet, serious, self-sufficient and fanatically devoted to his chess. The association of Don Sandalio with humanity at large that occurs at the end of letter 5 is misleading, and we have to take it that what the letter-writer really means is that Don Sandalio could reconcile him to humanity.

S. The questions which the letter-writer asks himself suggest that his concern is less with Don Sandalio and more with himself. We have here what amounts to a leitmotif in Unamuno's fiction: a character in search of an identity. It is a major theme in, for example, *Niebla*, Unamuno's most famous novel.

T. The name Casanueva has probably been deliberately chosen by Unamuno as a contrast to the ruined house (*casa vieja*) to which the letter-writer is attracted and with which he identifies. The letter-writer sees himself as beyond cure and Dr Casanueva's approach to his health problem as uninformed.

U. There would appear to be a glaring inconsistency here. The letter-writer says that the first thing he did on getting out of bed after his illness was to go to the club. But in the preceding letter, dated the previous day, he says he went down to the beach. We can, however, resolve this inconsistency by seeing it as a pointer to the fact that the visit to the beach never took place, that it has a purely symbolical value and that the episode existed solely in the disturbed imagination of the sick narrator, just like the dream of the ravenous black knight.

V. This is an intrusive, direct comment by Unamuno which is hard to justify. It does serve to maintain the novelistic pretence that the events described actually happened in 1910 and to establish a distinction between Unamuno and the letter-writer; but the comment is frivolous.

W. A play on the words *grillos* and *esposas*. *Grillos* means both crickets and fetters; *esposas* means both wives and handcuffs.

X. Unamuno is writing tongue in cheek, since the real 'truco novelístico' is the one perpetrated by himself. The letters and Felipe are indeed an invention, but they are Unamuno's invention, not Don Sandalio's. As he goes on to say in the next paragraph, with mocking exclamation marks, all three figures, the letter-writer, Felipe and Don Sandalio, are but reflections in the authorial mirror.

Y. Unamuno is arguing that history is at its most perfect in novels, because great novels are a true reflection of their authors, constituting a spiritual history or biography. He then goes on to add in the next paragraph that the greatest autobiographies – those of St Augustine, of Jean-Jacques Rousseau, of Goethe – have been great precisely because they have been in essence poetic rather than historical. Unamuno is here repeating, in altered form, the idea contained in the anecdote of Pepe el Gallego (letter 15), namely that the observable facts, the external data, about a person tell us nothing of significance about that person, that we need an effort of the imagination to penetrate the inner being, the true essence, of the person. In philosophical terms we would say that Unamuno adopts an ontological rather than a phenomenological approach to the study of man.

Z. The entire epilogue is nothing but a justification of the incompleteness and nebulousness of the novel. Unamuno aggressively counters possible reader dissatisfaction by associating such a reaction with materialistic – and by implication inferior – readers whose interest is solely in the plot. But there are those other readers, suggests Unamuno, who will understand what he is about and who will share the creative experience with him. It is a teasing argument, though one which contains an insidious kind of truth, for by writing the way he does, Unamuno is contributing to the creation of his kind of reader.

A SELECTED VOCABULARY

This vocabulary is not a dictionary: the meanings given are only those that are most helpful for a literal translation in the relevant context. The following have in general been omitted:

1. words that a sixth-former can reasonably be expected to know with the meaning appropriate to the text (e.g. **alma,** *soul;* **tristeza,** *sadness;* **echarse a llorar,** *to burst into tears;* **rincón,** *corner;* **novio,** *fiancé, boyfriend*);

2. words that are similar in form and relevant meaning to the appropriate English ones (e.g. **hipócrita,** *hypocrite;* **cementerio,** *cemetry;* **sucumbir,** *to succumb;* **aperitivo,** *aperitif;* **duelo,** *duel*);

3. words whose meaning is apparent from the context in which they occur (e.g. **reborde,** *rim;* **mantillo,** *layer;* **tentar,** *to tempt;* **mocita,** *lass;* **afamado,** *celebrated*);

4. words and phrases that are dealt with in the footnotes.

Asterisked words are those that are used in the Introduction.

abad, abbot
abadía, abbey
abono, fertilizer
abreviar, to shorten, hasten
abroquelado, shielded
abrumado, overwhelmed
acariciar, to caress
acaso, by chance
acorrer, to give succour
*****acotación,** stage direction
acuitarse, to worry
acurrucado, huddled up
adivinar, to guess
aficionarse, to grow fond of
agarrar, to grip
agasajar, to regale
agonía, death throes
agonizante, dying
agradecimiento, gratitude
agrario, agricultural

agregar, to add
agrura, bitterness
aguas menores, urine
agudeza, sharpness (of mind)
agüero, omen
ahogar(se), to drown
ahogo, sudden pain, seizure
ahornagado, parched
ahorrado, saved up
aislar, to isolate
ajedrecista, chess player
ajeno, someone else's
alarde: hacer —, to boast, display
albura, alburnum, sap-wood
alcoba, bedroom
aldeanería, boorishness
aleccionar, to give instruction
alegrar, to cheer up
alegría, happiness
alfil, bishop (in chess)

algonquinos, Algonquin Indians of North America
alimentar, to nurture
aliviar, to relieve pain
alquilado, hired
amañado, slick, deft
amargado, embittered
amparar, to protect
anacoreta, recluse
analfabeto, illiterate
ancla, anchor
andrajos, rags
anidar, to nest
animarse, to pluck up courage
antojo, fancy
antropofobia, hatred of mankind
anudar, to unite, bring together
anuncio, advertisement
añoranza, pining, nostalgia
apacible, peaceful
apegarse, to become attached
apego, attachment
apuesta, bet, wager
arder en deseos, to have a burning desire
argumento, plot (of a novel)
arrabal, suburb
arraigar, to put down roots, settle down
arrancar, to wrench
arrasado, welled up (with tears)
arreglar, to arrange
arremolinarse, to swirl
arrepentirse, to repent
arrimarse, to draw close
arrobo, ecstasy, rapture
arrogarse, to claim arrogantly
astilla, splinter
atajar, to cut short, interrupt
atar, to tie

atediado, weary
atenerse, to make do, limit oneself
***ateo,** atheist
atractivo (*n*), attraction, attractiveness
atragantarse, to get stuck in one's throat, have a strong dislike for
atreverse, to dare
aventar, to winnow
averiguar, to find out

báculo, support
balbuciente, stammering, with hesitation
balbucir, to stammer
***bambalina,** backcloth (on theatre stage)
baraja, pack of cards
barbotar, to mutter
barullo, noisy confusion
bastar, to suffice
bienestar, well-being
billarista, billiards player
bobo, simpleton
boca de jarro: a −, point blank
bordar, to embroider
borrachera, drunkenness
borrado, wiped out
borrar, to erase, efface
brete, shackle
breviario, breviary
broche, brooch, clasp
brotar, to emanate, spring
bucear, to plumb, probe
buitre, vulture

caballo, knight (in chess)
cabecera, head of the bed

cabrero, goat-herd
cabrillear, to form whitecaps on water
cachito, small piece
cafres, Kaffirs (inhabitants of Kaffraria, South Africa)
calabozo, dungeon
calentarse, to get warm
calificativo, adjective
calzado (*adj.*), paved
calzonazos, weakling, timorous man
camelo, jest, pretence
campanada, pealing of bell
capilla, chapel, side altar
cárcel, gaol
carcelero, prison warder
carrera, journey, march
cartoncito, small piece of cardboard
caserío, country dwelling
casino, social club
castísimamente, most chastely
catequizar, to convert, instruct
caudalillo, a tidy sum of money
caudillo, leader
celda, cell
celo, eagerness
cierzo, cold north wind
cisterciense, Cistercian (monk)
ciudad episcopal, cathedral city, see
clamar, to cry out
claustro, monastery
clavellina, pink, carnation
colegio de religiosas, convent school
columbrar, to discover
comulgar, to receive communion
conciencia, conscience; consciousness

confesonario, confessional
confiar, to confide
congénere, similar kind of thing
congoja, sorrow, anguish
conmovido, moved (with emotion)
conocimiento, acquaintance
consocio, fellow member
contagiado, affected, inspired
contorno, neighbourhood
*****contradictor**, opponent (in an argument)
corderillo, pet, child (*lit.* lamb)
corriente: poner al –, to bring up to date
corroborar, to confirm
corteza, bark (of a tree)
cosecha, harvest
costero, coastal
cotidiano, everyday
creencia, belief
creyente, believer
crianza, nursing
crío, young child
cronicón, (dreary) chronicle
crudo, raw
cuadernillo, note-book
cuadra, stable
cuajar, to gel, freeze
cuajo, sentimentality, mawkishness
cuenta: hacer –, to suppose, assume
cuerdo, sane
cuita, affliction
culpa, fault, blame
cumbre, peak, summit
cumplir, to fulfil, carry out
cura (*m*), priest
cura (*f*), **curación**, cure
curandero, healer, medicine man

charada, charade (word game)
chipeuais, Chippeway Indians of North America
chiquillería, children
chisporrotear, to give off sparks
chiste, joke
chulo, lower class dandy

darse a, to devote oneself to
decaer, to decline
declamar, to denounce, inveigh against
dejo, semblance
delito, crime
derruido, demolished
desafío, defiance
desahogo, venting, letting off steam
desahuciado, penniless
desasosegar, to disturb
desavenido, discordant, split
descargo: testigo de −, witness for the defence
desconocido (n.), stranger
descubrirse, to take one's hat off
descuidar, to neglect
desecado, dessicated
desfallecido, lifeless
desgarrar, to rend
desgraciado, unfortunate
desmedidamente, excessively
desnudar, to undress
despistar, to put off the scent
destinatario, addressee
detenerse, to pause
diaconisa, deaconess
dice: a lo que se −, rumour has it
dichos, sayings
díscolo, wayward
disculpar, to excuse
dispuesto, prepared, determined

distraer, to entertain

echar de menos, to miss (the presence of)
echar una partida, to have a game
ejercer, to exert
embarazo, pregnancy
emborrachar, to intoxicate
embriagado, intoxicated
embrutecerse, to become brutalized
empañado, misted up
empeñarse en, to insist on
emprender, to set out; **− la con**, set upon; **− la tarea**, take on the task
encañada, ravine
encargo, errand
encender, to light up
encogerse de hombros, to shrug one's shoulders
encomendar, to commend
encuesta, interview, opinion poll
endemoniado, demon-like, possessed
enderezar tuertos, to right wrongs
enfermar de muerte, to become terminally ill
engañar, to deceive
enhiesto, upright, erect
enhollinado, sooty
enjambre, swarm
enjugar, to dry (tears)
enmienda, reparation
enquisa, interrogation, probing
ensueño, fantasy
entontecerse, to grow dull
entrañado, deepest, most secret
entrañas, womb
entregar, to give up

entrever, to glimpse
envalentonarse, to turn bold
envejecer, to grow old
envido, bid (in card game)
epistolero, letter writer
era, threshing field
erguido, erect
ermitaño, hermit
escoltado, escorted
escudriñadero, susceptible of scrutiny
esfinge, sphinx
esforzarse, to make every effort, try hard
esfumarse, to vanish
espantapájaros, scarecrow
espejar, to mirror
espetar, to tell to someone's face
estimar, to consider
estremecer(se), to tremble (esp. with emotion)
estribillo, refrain (of a song)
exponer, to expound, explain
extremar, to go to great pains

faena, labouring job
falda de la montaña, mountain slope
faltar a la palabra, to fail to keep a promise
farsante, charlatan, faker
feligrés, parishioner
figurarse, to imagine, suppose
*fijar, to immobilize
fingir, to feign
fiscal (*n*), prosecutor
fondo, bottom; backdrop, background
forastero, stranger, outsider
fundido, fused
*futileza, futility

galeno, physician
gallito de pelea, fighting cock
gemir, to sob

hacerse de rogar, to let oneself be coaxed, play difficult to get
hechos, deeds
herbario, herbarium
heredar, to inherit
hereje, heretic
herida, wound
hermandad, sisterhood
hiedra, ivy
hipo, wish
hogar, hearth
holgura: vivir con −, to live in comfort
hollín, soot
hondura, depth
horas muertas, endless hours
hospiciano, hospice dweller
hostigo, lashing, beating (of wind)
hoz, gorge
huelgo, deep breath
huella, footprint, footstep
huesa, grave
huidero, fleeting
huir, to flee

ignorar, to be ignorant of
impedir, to prevent
imperio, command, sway
*imperioso, pressing
imprevisto, unforeseen
inaudito, unheard of, extraordinary
increpar, to chide
indagatoria, investigation
indignarse, to be indignant or outraged
indispuesto, ill

inmutarse, to flinch
insensato, stupid or fatuous person
insondable, unfathomable
intimar con, to become very friendly with
irritarse, to be irritated

jaque, check (in chess)
jilguero, linnet
jubilado, retired
juez, judge
jugada, move (in board game); **hacer una mala – ,** to play a dirty trick
jugo, stirrings
juguete, toy
juntarse con, to join
juramento, oath
jurar, to take an oath, swear

labor, task
labrar, to carve out
laico, lay, non-religious
laña, clasp, link
lecho, bed, bottom
lejanía, far distance
leña, firewood
leño, wood, trunk
licor, liqueur
locura, madness, insanity
logogrifo, riddle
lograr, to succeed in, manage
lumbre, light

llevarse las miradas, to attract attention
lloviznar, to drizzle

madriguera, burrow, den
madrugada, dawn

mala lengua, rumour-mongering
manejar, to manipulate
manso, tame
maravilla, marvel
marisabidilla, blue stocking, little miss know-all
martirio, martyrdom; torment
mata, bush
medrar, to thrive, prosper
memorialista, amanuensis
menesteres, tasks, daily chores
menesteroso, needy (person)
menguar, to wane
mentir, to lie
meseta, plateau
milagro, miracle
minar, to undermine, destroy
mirón, onlooker
misa mayor, high mass
***mobiliario,** furniture, stage props
mocedad(es), youth
mocerío, young people
monja, nun
morriña, nostalgia, yearning
mortificarse, to flagellate oneself
móvil (*n.*), motive
mujeruca, old woman, beggar woman
mus, game of cards

nacimiento, birth
naipe, playing card
necedad, stupidity
negar, to deny, refuse
negrura, blackness
neófito, novice
nevada, snowfall
nocivo, harmful, mischievous
nogal, walnut tree
nuez, walnut

obispo, bishop
ocaso, sunset, ending
ociosidad, idleness
ocultar, to conceal
ocurrente, inventive
orear, to ventilate
orilla, shore

palillo, drum stick
palitroque, stick
párroco, parish priest
parroquia, parish; **cumplir con la
  —**, to fulfil Easter duties
pasmarse, to be amazed
patán, bumpkin
pavoroso, dreadful
payaso, clown
pecador, sinner
pega, con-trick, hoax
peña, club, circle; rock
peón, pawn
percatarse, to notice, realize
perderse, to fall into disrepute
peregrino, pilgrim
perlesía, paralysis
pesadilla, nightmare
pestañas, eyelashes
picacho, small peak
pieza, chessman
plantear, to set, pose (a problem)
plenilunio, full moon
pneumático, tyre
posada, inn
poseído, possessed (by the Devil)
predicar, to preach
prensa, press
preocupar, to worry, concern
presentir, to have a foreboding
preso (*n.*), prisoner
prismáticos, binoculars
probar, to prove

procurar, to endeavour
prodigar, to lavish
prójimo, fellow-man
promover, to promote
proporcionar, to provide with
propósito, intention
***prueba**, proof
puchero, stew
pudrirse, to waste away, stagnate
pulirse, to become refined
purgar, to purge

raigambre, mass of roots
rajarse, to give up, throw in the
  towel
raza, ray of beam or light
realzar, to heighten
reanudar, to renew, recommence
recalcar, to emphasize, reiterate
recatar, to keep hidden away,
  conceal
recogido, withdrawn, secluded
rechazar, to reject
redactar, to write down
redimir, to redeem
redrotiempo: a —, in retrospect
reducir, to submit, make subject
  to
regalar, to give a present; **—se**,
  regale oneself
regocijo, rejoicing
rehusar, to reject
reja, window grill
relato, account, narration
relinchar, to neigh
remansarse, to grow calm, form
  a pool (of a river)
remanso, pool, stretch of calm
  water (in a river)
remendar, to patch (clothes)
remordimiento, remorse

rendirse, to surrender, give in
reo, criminal, defendant
reponerse, to recover one's composure
reprender, to rebuke
representarse, to imagine
res, head of cattle, cow
resabio, leftover, residue
rescoldo, embers
respecto: al −, in this connexion
resucitar, to resurrect
retazo, remnant
retratar, to portray
retrucar, to hit on the rebound
revestir, to clothe, cover
revista taurina, bullfighting magazine
revistero de toros, bullfight reporter
revoltijo, jumble
revuelto, mixed up
rezar, to pray
rigor: en −, in truth, to be precise
risotada, burst of laughter
rizar, to ripple (of water)
roble, oak-tree
roblizo, oak-like, hard, strong
roce, brush, touch, rub
rocío, dew
rodar, to roll
rodear, to surround
rompiente, surf
rondar, to hover around
ropero, linen cupboard, vestry
roto (*n.*), tear
rumiar, to ponder

sacar, to bring out; to wrench
sacerdocio, priesthood
sacristán, sexton

sacudir(se), to shake off
sala del crimen, crime library or collection
salida, opening move (in chess)
salpicar, to splash, spatter
saltarse las lágrimas, to bring tears to one's eyes
salto, waterfall
sanamente, naturally, healthily
sastre, tailor
savia, sap
semejante (*n.*), fellow human
sendero, path, track
señalar, to point out
sepultar, to bury
sepultura, grave
ser (*n.*), being
siervo, serf
sillar: piedra −, building stone
sima, chasm, abyss
sindicato, trade union
*siquiera (*adv.*), even
sobrehaz, surface
socio, member (of a club)
soltero (*adj.*), unmarried
sollozar, to sob
somero, slight
someter, to subject, submit
sonámbulo (*adj.*), in a trance, in a dream
sonoro, sonorous, with sound track (of film)
soslayo, obliquely, sideways
*sostener, to sustain
suceso, event
suegro, father-in-law
suerte, fate
suicida, person who has committed suicide
sujeto (*n.*), individual
sujeto (*adj.*), tied, held

sumiso, submissive, gentle
sustituir, to replace
susurro, whisper

tabla, plank
tablero, (chess) board
talón, heel
tallar, to cut
tamboril, tabor, small drum
tañer, to play (a musical instrument)
tararear, to hum a tune
tarareo, humming (of a tune)
tedio, weariness, boredom
temblor, trembling
temer, to fear
temor, fear
***témpano**, iceberg
término, end, goal
terreno (*ajd.*), earthly, worldly
tertulia, coterie
titiritero, acrobat
toca, mantle
tocón, stump
tonel, barrel
tontería, foolishness
topar con, to come across
torre, rook (in chess)
torrentera, rapids
transeúnte (*adj.*), temporary (of membership)
traqueteo, clicking sound
trasmano: a −, out of easy reach, remote
traspasar, to pierce
traspuesto, drowsy, in a trance
trastornar, to upset
trepar, to climb

tresillo, ombre (card game)
trilla, threshing
trillado, beaten
trillar, to thresh
trocarse, to turn into
tropel, mass, throng
tropezar, to stumble
truco, trick, dodge, deception
turbación, confusion, embarrassment
tute, card game

ultratumba, beyond the grave

vacilar, to hesitate
vahído, attack of dizziness
valla, street hoarding
varón, man, male
vascuence, Basque (language)
vejiga, bladder
vela, wakefulness
vendaval, violent wind
venidero, future, still to come
ventregadas: a −, in droves
vida perdurable, life everlasting
villa, town
viruta, trifle
viuda, widow
***voluntad**, will
voz: a media −, in a low voice

yerno, son-in-law

zafio, boorish, uncultured
zagala, lass
zambullirse, to immerse oneself
zumbante, buzzing
zumbar, to buzz, hum, resound